财政部规划教材
全国财政职业教育教学指导委员会推荐教材
全国高职高专院校会计专业立体化教材

出纳岗位实务

主　编　尹湘萍
副主编　保　吉

中国财经出版传媒集团
中国财政经济出版社

图书在版编目（CIP）数据

出纳岗位实务/尹湘萍主编. —北京：中国财政经济出版社，2019.1

财政部规划教材　全国财政职业教育教学指导委员会推荐教材　全国高职高专院校会计专业立体化教材

ISBN 978-7-5095-8723-2

Ⅰ.①出…　Ⅱ.①尹…　Ⅲ.①出纳-会计实务-高等职业教育-教材　Ⅳ.①F233

中国版本图书馆CIP数据核字（2018）第289195号

责任编辑：樊　闽　　　　责任校对：徐艳丽

封面设计：构远设计

中国财政经济出版社 出版

URL：http：//www.cfeph.cn

E-mail：cfeph@cfeph.cn

社址：北京市海淀区阜成路甲28号　邮政编码：100142

营销中心电话：010-88191537　北京财经书店电话：64033436　84041336

北京鑫海金澳胶印有限公司印装　　各地新华书店经销

787×1092毫米　16开　12印张　287 000字

2019年1月第1版　2019年1月北京第1次印刷

定价：30.00元

ISBN 978-7-5095-8723-2

（图书出现印装问题，本社负责调换）

本社质量投诉电话：010-88190744

打击盗版举报热线：010-88191661　QQ：2242791300

编 写 说 明

本书是财政部规划教材、全国财政职业教育教学指导委员会推荐教材，由财政部教材编审委员会组织编写并审定，作为全国高职高专院校财经类教材使用。

出纳工作是财务会计工作重要的组成部分，工作内容虽然较为单一，但是却十分繁杂，涉及面较广。为了帮助初入职场者解决缺乏实务操作经验的问题，《出纳岗位实务》从读者角度出发，力求在理论和实践之间为初入职场的新人建立一个高效学习通道。编者在设计教材体例时，突出以下几个特点：

第一，本教材在编写时，尽量避免单一的文字叙述，尽量将业务流程及相关知识采用图、表形式呈现，以便读者清晰迅速地掌握业务重点，理顺业务思路。同时为了更加接近实务操作，我们在业务中添加了大量的真实凭证单据，结合实例仿真操作，使得读者在学习后能更快地上手实务工作。

第二，教材中的内容还紧跟国家税制、银行结算方式等国家相关制度的最新发展趋势，以便读者专业水平的提高。与此同时，教材还结合了全国会计技能大赛的相关要求进行内容的编写，对于有参加会计技能竞赛需求的读者也是十分有帮助的。

第三，为了有效整合教学资源，打造新型教材，本教材增加了大量的辅助资源（如图片、视频等），读者通过扫二维码，可以获得相关知识点的课外延展知识，让读者的学习基于本书却高于本书，为读者展现一个更加广阔的知识平台。

本教材适用于高职高专的会计、会计信息管理、财务管理、审计等经济管理类各专业学生，也可作为企业会计人员上岗前的培训用书。

本教材由尹湘萍担任主编，负责拟定编写大纲，并对全书进行总纂和定稿，保吉也参与了总纂工作。教材具体编写分工如下：项目一和项目二由保吉负责编写；项目三由尹湘萍和吴娟负责编写；项目四由匡忠华负责编写；项目五由尹湘萍负责编写。

本教材为用书学校任课老师提供了电子课件和实训教材答案，如有需要，请登录中国财政经济出版社（cjjc. cfeph. cn）或中国财经教育网（www. zgcjjy. com）下载电子课件，实训答案通过 caijingjiaocai@163.com 索取，请注明学校和全书名。

本教材在编写过程中，得到了财政部、财政职业教育教学指导委员会领导、有关专家的大力支持和帮助，在此一并致谢。限于编者水平，书中难免有疏漏及不当之处，敬请读者批评指正。

编者

2018 年 11 月

目　　录

公司基本情况

一、公司基本情况

（一）公司注册资料

公司注册名称：北京市辰新商贸有限公司

公司注册地址、电话：北京市海淀区马神庙231号，010－14698375

公司注册资本：人民币100万元

公司法定代表人：马进

公司经营范围：计算机零配件、器材、电子产品批发零售。

（二）公司账户资料

基本存款账户：工商银行北京市马神庙支行，账号：23456798731

二、公司会计工作组织及分工

公司单独设置财会部门，相关人员如下：

1. 法人代表：马进
2. 财务部经理：李密
3. 会计主管：李宏
4. 总账会计：孙娟
5. 成本会计：王丽
6. 采购部张华、严浩（采购部主管）、李佳
7. 综合管理部领导：王琴
8. 丁海的师父出纳周云（辰新商贸有限公司在职出纳人员）
9. 实习出纳员丁海

三、公司会计核算方法及财务管理制度

1. 公司以人民币为记账本位币（核算中金额计算保留至分位），记账文字为中文。会计核算采用科目汇总表账务处理程序。

2. 公司为增值税一般纳税人，销售商品增值税税率为16%；公司当期取得的增值税专用发票，按照现行增值税制度规定当期准予抵扣的，均已认证且于当期一次性抵扣。公司适用的城市维护建设税税率为7%，教育费附加征收率为3%，地方教育附加征收率为2%。公司车船使用税、房产税和土地使用税均按税法规定计算缴纳。公司按规定代扣代缴个人所得税。公司企业所得税税率为25%，并假设这一税率适用于未来可预见的期间，公司不享受其他税收优惠政策。企业所得税的核算采用资产负债表债务法。企业所得税缴纳采用按季预缴，按年汇算清缴的方式，公司以前年度的企业所得税已进行汇算清缴。

3. 公司职工福利费和职工教育经费不预提，按实际发生金额列支；工会经费按应付工资额的2%比例计提。工会经费按月划拨给工会专户。

营业执照

统一社会信用代码 47293856723659283570

名　　　称 北京市辰新商贸有限公司
类　　　型 有限责任公司
住　　　所 北京市海淀区马神庙231号
法定代表人 马进
注 册 资 本 壹佰万元整
成 立 日 期 2016年5月26日
营 业 期 限 2016年5月26日至2036年5月26日
经 营 范 围 计算机零配件、器材、电子产品批发零售

北京市工商行政管理局

登记机关

2016 年 3 月 22 日

企业信用信息公示系统网址： http://gsxt.zjaic.gov.cn

中华人民共和国国家工商行政管理总局监制

项目一

认知出纳岗位

出纳岗位作为会计工作的一个重要岗位，是每个单位经济业务和会计核算的前沿阵地。在市场经济条件下，货币资金渗透于社会经济生活的各个领域，任何单位的经济收支活动必须通过出纳人员进行现金及银行存款的收支来完成，这就使得出纳人员要具备专业的操作技术和严格的工作规则。同时，随着财政税收体制改革的进一步深入和公共财政体系的不断完善，对出纳人员的要求将进一步提高，因此，系统学习出纳工作的相关内容，正确认知出纳岗位，对提高财务管理的管理水平具有重要的现实意义。

项目导航

知识目标	技能目标	职业目标
➢ 理解出纳的相关概念 ➢ 熟悉出纳工作的基本内容 ➢ 理解出纳人员的素质养成 ➢ 掌握出纳人员的必备技能	➢ 能按实际业务情况熟练掌握出纳基本技能 ➢ 熟练点钞，识别假钞，正确保管票据、印章等重要物品	➢ 能完成出纳工作的基本任务 ➢ 具备成为一名合格出纳人员的基本素养 ➢ 巩固并加强出纳基本业务技能

任务一 认知出纳工作的基本内容

任务导入

2019年2月，丁海和张琳同时来辰新商贸有限公司实习，张琳听说实习岗位是出纳岗位，就立马说道："我想参加会计岗位的实习，出纳主要就是管管现金、跑跑银行，没啥意思，学不到东西。"于是离开了。而丁海抱着出纳也是属于管理岗位，可以试试看的态度留了下来。请思考张琳说得对不对？到底什么是出纳工作？

知识准备

一、出纳工作的职能

（一）收付职能

收付职能是出纳工作最基本的职能。出纳，顾名思义，"出"就是支出，"纳"就是收入。每个单位的经济业务，往往都是通过现金、票据和金融证券进行并完成的，而这些收付业务的办理都必须经过出纳人员之手，因此收付职能是出纳工作最基本和最重要的职能。

（二）反映职能

出纳人员除了要完成收付款业务之外，还要利用统一的货币计量单位对本单位的货币资金和有价证券进行详细地记录与核算，最为常见的就是进行现金日记账和银行存款日记账的登记，以便为本单位的经济管理和投资决策提供所需的真实、完整的会计信息，因此反映职能是出纳工作的重要职能之一。

（三）监管职能

出纳工作的监管职能实际上是由监督和管理共同构成的。出纳人员要对本单位的货币资金收付业务的合法性、合理性和有效性进行全程的监督；还要对货币资金与有价证券进行保管，对银行存款和各种票据进行管理，出纳工作是经济管理工作中重要的一个构成部分。

二、出纳工作的特点

（一）政策性

出纳工作是一项政策性很强的工作，工作中的每一环节都必须依照国家相应的法律、法规、规章制度进行。例如《会计法》《票据法》《会计基础工作规范》《国家现金管理规定》等都对出纳工作提出了具体的规定和要求。

（二）专业性

出纳工作作为会计工作的一个重要岗位，有着专门的操作技术和工作规则及流程。例如凭证怎样填制，日记账如何登记，保险柜怎么正确使用与管理都是有一定要求的。因此，财务人员要能胜任出纳工作，必须具备相应的专业知识和技能，同时还要在实践中不断积累经验。

（三）时效性

出纳工作具有很强的时效性，何时登记账簿，何时发放工资，何时缴纳税款，何时结算货款等，都有严格的时间要求。及时处理各项经济业务，不仅是经济活动顺利进行的有效保障，也是对出纳工作的基本要求。

三、出纳工作的基本内容（见表1-1）

表1-1

<table>
<tr><th>基本工作内容</th><th colspan="2">具体工作内容</th></tr>
<tr><td rowspan="3">核算工作</td><td>货币资金核算</td><td>①办理现金收付，严格按规定收付款项
②办理银行结算业务，规范使用支票，严格控制签发空白支票
③登记日记账，保证日清月结
④复核收入凭证，办理销售结算</td></tr>
<tr><td>往来业务结算</td><td>①办理往来结算，建立清算制度
②核算其他往来款项，防止坏账损失</td></tr>
<tr><td>工资结算</td><td>①执行工资计划，监督工资使用
②审核工资单据，发放工资奖金
③负责工资核算，提供工资数据。按照工资总额的组成和工资的领取对象，进行明细核算。根据管理部门的要求，编制有关工资总额报表</td></tr>
<tr><td>管理工作</td><td colspan="2">（1）保管库存现金和各种有价证券
（2）保管有关印章、空白支票和收据
（3）正确管理和使用本单位的各类银行账户</td></tr>
</table>

四、出纳人员的配备和岗位的内部牵制制度

（一）出纳人员的配备

根据最新修订的《中华人民共和国会计法》（以下简称《会计法》）第三十六条规定："各单位应当根据会计业务的需要，设置会计机构，或者在有关机构中设置会计人员并指定会计主管人员；不具备设置条件的，应当委托经批准设立从事会计代理记账业务的中介机构代理记账。"其中《会计法》对各单位会计、出纳机构与人员的设置没有做出硬性规定，只是要求各单位根据业务需要来设定。一般情况下，实行独立核算的企业单位，在银行开户的行政、事业单位，有经常性现金收入和支出业务的企业、行政事业单位都应根

据本单位经济业务的繁简和管理的需求配备专职或兼职出纳人员。

（二）内部牵制制度

根据最新修订的《会计法》第三十七条规定："出纳人员不得兼任稽核、会计档案保管和收入、支出、费用、债权债务账目的登记工作。"这就要求出纳岗位的设置必须遵循"管钱的不管账，管账的不管钱"原则，同时还要严格执行内部牵制制度。

1. 出纳人员不得监管会计稽核、会计档案，以及收入、支出、费用、债权、债务等账目的登记工作；而非出纳人员不得接触货币资金的收付及保管。

2. 货币资金的会计记录与审核监督职务分离，严格地实施审批制度。

3. 支票与预留银行印鉴不能由同一人保管。

4. 支票签发与支票审核不得由同一人办理。

5. 企业财务专用章和法定代表人印章不得由同一人保管，不得由同一部门或同一个人办理合同业务的全过程。

（三）回避制度

《会计基础工作规范》规定："国家机关、国有企业、事业单位任用会计人员应当实行回避制度。单位领导人的直系亲属不得担任本单位的会计机构负责人、会计主管人员。会计机构负责人、会计主管人员的直系亲属不得在本单位会计机构中担任出纳工作。"其中直系亲属包括：夫妻关系、直系血亲关系、三代以内旁系血亲以及近姻亲关系。

二维码 1.1
不相容职务相分离的总结

任务二　认知出纳人员的素质养成

任务导入

实习出纳丁海入职后，对待工作认真负责，但还是担心自己不能成为一名合格的出纳人员。请问合格的出纳人员要满足什么样的要求，有哪些职责呢？

知识准备

一、出纳人员的岗位要求

1. 出纳人员应坚持原则，具备良好的职业道德品质和良好的工作作风。

2. 出纳人员应熟悉各项会计政策法律、法规，并能认真执行《中华人民共和国会计法》和国家统一的会计制度以及有关财经法律、法规、规章制度。

3. 出纳人员应具备一定的专业技能，具有相应的职业素养。

4. 出纳人员应具备较强的安全意识，防患于未然。

5. 熟练使用各种现代化财务工具和办公软件，电脑操作娴熟。

二、出纳人员的职责

1. 按照国家有关现金管理和银行结算制度的规定，办理现金支付和银行结算业务。

2. 按照国家外汇管理和结汇、购汇制度的规定及有关批件，办理外汇出纳业务。

3. 按照国家库存现金管理规定和银行账户管理规定，管理本单位的库存现金和银行账户。

4. 保管库存现金和各种有价证券（例如：国库券、债券等），印章、空白票据的安全与完整。

三、出纳人员的权限

1. 维护财经纪律，执行财会制度，抵制不合法的收支和弄虚作假行为。依法办事的出纳人员受到法律的保护，根据《会计法》第四十六条规定“单位负责人对依法履行职责、抵制违反本法规定行为的会计人员以降级、撤职、调离工作岗位、解聘或者开除等方式实行打击报复，构成犯罪的，依法追究刑事责任；尚不构成犯罪的，由其所在单位或者有关单位依法给予行政处分。对受打击报复的会计人员，应当恢复其名誉和原有职务、级别。”

2. 管理好货币资金，参与货币资金计划管理。出纳作为单位财务工作的管理人员之一，对本单位的货币资金、有价证券、银行存款和各种票据具有管理职责；此外，还要参与对单位资金使用效益分析的研究，为单位的投资决策提供经济信息，甚至还要直接参与单位的方案评估、投资效益预测分析等管理活动。

四、出纳人员职业道德规范

1. 敬业爱岗。应当热爱本职工作，努力钻研业务，使知识和技能适应所从事工作的要求。

2. 诚实守信。做老实人，说老实话，办老实事，不搞虚假；保守秘密，不为利益所诱惑，执业谨慎，信誉至上。

3. 廉洁自律。树立正确的人生观和价值观；公私分明，不贪不占；遵纪守法，一身正气。

4. 客观公正。会计人员在办理会计事务中，应当实事求是，客观公正。

5. 坚持准则。熟悉准则，遵循准则，敢于同违法行为斗争。

6. 提高技能。要有不断提高会计专业技能的意识和愿望，要有勤学苦练的精神和科学的学习方法。

7. 参与管理。熟悉服务对象的经营活动和业务流程，积极参与到企业管理当中。

8. 强化服务。强化服务意识，提高服务质量，尽其所能，为改善单位的内部管理、提高经济效益服务。

任务三　认识出纳人员必备技能

任务导入

实习出纳丁海问师傅周云："要想胜任出纳工作，必须具备哪些技能?"周云说："不要小看出纳工作，出纳工作必须做到眼明手勤，最基本的技能有点钞、验假币等。"请问除了周云说的这几个技能，还需要掌握哪些必备技能?

知识准备

一、手持式点钞

手持式点钞是出纳人员的必备技能，必须做到又快又准。出纳人员提高点钞速度和准确率，在平时工作中就要做到正确掌握点钞基本动作及要领，最好使用仿真度高的点钞券练习，以增加点钞的手感。点钞的基本要领如下：

（一）基本步骤

1. 拆把：把待点钞票按照不同点钞方法的要求拿在手中，然后脱去扎钞纸带，为点数做好准备。

2. 点数：左手持钞，右手点钞，眼睛紧盯过数的钞票，同时记数。

3. 扎把：把整点准确的百张钞票码放整齐，用扎把纸带捆扎牢固。

4. 盖章：在捆扎钞票的纸带上加盖点钞人员的名章，以明确责任。

（二）注意事项

1. 点钞前要把工具准备齐全，沾水盒、印泥、图章、橡皮筋或者腰条。

2. 坐姿要正确，直腰挺胸，身体自然，肌肉放松，双肘自然放在桌上，持票的左手腕部接触桌面，右手腕部稍抬起，点币过程轻松持久。

3. 点钞时一要精神集中，二要定型操作，三要手点、脑记，手、眼、脑紧密配合，点完一遍后，要从另外一侧复点。

（三）手持式点钞指法对比（见表1－2）

表1－2

名称	指法	优点	缺点
单指单张点钞法	点钞时用一个手指一次点一张的方法叫单指单张点钞法	这种点钞方法由于持票面小，能看到票面的3/4，容易发现假钞票及残破票，是点钞中最基本也是最常用的一种方法，使用范围较广，频率较高	是点一张记一个数，比较费力
单指多张点钞法	点钞时，一指同时点两张或两张以上的方法叫一指多张点钞法	计数比单张省力、方便、效率高；这种方法适用于收款、付款和整点各种券别的整点工作	在一指捻几张时，从第二张以后能看到的钞票面积小，假钞和残破票不易发现
多指多张点钞法	点钞时用多个手指一次点多张的方法叫多指多张点钞法	多指多张点钞时，一次最多可以点四张。虽然点钞频率稍低于单指单张，但最终清点速度会略高于后者；计数次数的减少，大大降低了技术错误的几率	多指多张适合较新票币的清点，对于旧钞等则不易操作
扇面点钞法	点钞时把钞票捻成扇面状进行清点的方法	扇面点钞，是一种速度最快的点钞方法，最适合用于整点新券及复点工作	票面可视面极小，不便挑剔残破券和鉴别假票，不适用整点新旧币混合的钞券

知识扩展

残币的处理

出纳在日常工作中可能会碰到票面残缺受损的纸币，这类纸币按照央行公布的《中国人民银行残缺污损人民币兑换办法》规定可以进行兑换，主要有三种兑换标准：

1. 全额兑换

能辨别面额，票面剩余3/4（含3/4）以上，其图案、文字能按原样连接的残缺、污损人民币，金融机构应向持有人按原面额全额兑换。

2. 兑换一半

能辨别面额、票面剩余1/2（含1/2）至3/4以下，其图案、文字能按原样连接的残缺、污损人民币，可按原面额的一半兑换。

3. 不予兑换

纸币呈正十字形缺少1/4的，按原面额的一半兑换；剩余部分小于1/2的，不予兑换。

持10张以上的残损币前往银行兑换时，需要出示客户单位或社区开具的钱币损坏原因证明。

二、识别钞票的真伪

二维码1.2
验钞机的使用

钞票的真伪可以从以下几方面进行识别：

1. 对纸张进行识别。印制人民币用的纸张，是特制的纸张，一般叫做钞票用纸。钞票用纸的制作原材料主要是棉短绒，比一般的造纸原料贵重得多，这使得纸的质地光洁细腻，坚韧耐折，挺括平整。如果用手拿着钞票在空中抖动，或者两手拿着钞票的两端一松一紧地拉动，或者用手指轻弹纸的表面，都会发出清脆的声音来；而假币纸张绵软，抖动时声音发闷，对比之下有明显的区别。

2. 对水印的识别。人民币的水印，是在抄纸的时候印上的。第五套人民币的水印如下：

（1）50 元、100 元为固定人像水印：位于正面左侧空白处，迎光透视，可见与主景人像相同、立体感很强的毛泽东头像水印。

（2）1 元、5 元、10 元、20 元为花卉固定水印。真币水印层次分明、立体感强，透光观察清晰；而假币特点是水印模糊，无立体感，变形较大，用浅色油墨加印在纸张正、背字面，不需迎光透视就能看到。

3. 对凹印技术的识别。第五套人民币中国人民银行行名、面额数字、盲文面额标记、凹印手感线等均采用雕刻凹版印刷，图像层次清晰，色泽鲜艳、浓郁，立体感强，用手指触摸有明显凹凸感；而假币图案平淡，手感光滑，花纹图案较模糊，并由网点组成。

4. 对荧光的识别。第五套人民币 100 元背面主景上方椭圆形图案中的红色纹线，在特定波长的紫外光谱下，显现明亮的橘黄色；20 元券背面的中间部分在特定波长的紫外光谱下，显现绿色荧光图案；除了荧光图案，还设计有荧光面额和多处荧光变色纤维，在特定波长的紫外光下，清晰易识别。而假币一般没有荧光暗记，个别的虽有荧光暗记但与真币比较，颜色有较大差异，并且纸张会有较明亮的蓝白荧光反应。

5. 对安全线的识别。真币的安全线是立体实物与钞纸融为一体，有凸起的手感。假币一般是印上或画上的颜色，如加入立体实物，会出现与票面皱褶分离的现象。

6. 其他防伪识别要点。

（1）胶印缩微文字。第五套人民币纸币安全线多处印有胶印缩微文字“RMB100”、“RMB50”等字样。

（2）胶印接线印刷。第五套人民币 100 元正面左侧的中国传统图案是用胶印接线技术印刷的，每根线均由两种以上的颜色组成。

三、重要印章、票据的管理

二维码 1.3
2015 年新版百元人民币特征

印章、空白票据的安全保管十分重要，在实际的出纳工作中，因丢失印章和空白票据给单位带来经济损失的不乏其例。对此，出纳人员必须建立严格的管理办法，高度重视有关印章、空白收据和空白支票的保管工作。

（一）印章的管理

1. 印章的保管。在出纳工作中会用到的印章包括：公章、财务专用章、发票专用章、合同专用章、法人代表章、现金收讫章、现金付讫章、银行收讫章、银行付讫章、作废章等。为了规避风险，印章是交由不同部门进行管理的。通常情况下，公章、合同专用章由本单位的行政管理中心专人负责管理；法人代表章由法人代表本人或者授权代理人进行保管；财务专用章一般交由会计机构负责人或者会计主管人员保管；发票专用章交由会计保管，小企业也可以交给出纳保管；现金收讫章、现金付讫章、银行收讫章、银行付讫章、作废章等条章则是由出纳人员统一保管。

为保证资金的绝对安全，财务专用章、法人个人名章等银行预留印章由两人以上分开保管、监督使用，做到一人无法签发支票、汇票，一人无法提出现金。需要使用重要印章的时候，必须按照印章管理规定办理报批和登记手续，并由印章保管人员亲自用印。

2. 印章的使用。

（1）条章的使用。

➢ 现金收讫印章：现金收款时，出纳员收到款项后，在收据上加盖现金收讫章。

➢ 现金付讫印章：现金付款时，按审核后的记账凭证支付款项给相关人，若对方需要，加盖现金付讫章。

➢ 银行收讫印章：企业有银行收入时，盖在银行收据上。

➢ 银行付讫印章：企业对外付款时，盖在相关支付凭证上。

➢ 作废章：表明其作废，用于支票、发票、收据等填写错误的票据。

（2）银行预留印鉴的使用。银行预留印鉴是办理各种银行业务时不可或缺的一个部分，出纳需要重点掌握的知识之一。各单位在银行开设账户时，需要在银行预留印鉴，也就是财务章（或者公章）和法人代表（或其授权代理人）名字的印章（俗称“小印”）。印鉴要盖在一张卡片纸上，留在银行。当开户单位需要通过银行对外支付时，先填写对外支付申请，申请上必须加盖上述印鉴。银行经过核对相符，确认对外支付申请上的印鉴与预留印鉴一致，即可代该单位进行对外支付。单位的银行预留印鉴不得由同一人保管。在票据上加盖印章时，要清晰明辨，同时注意以下几点：

➢ 仔细查看印章边框是否清晰，确保没有缺口。

➢ 观察印章内文字是否清楚，不能有模糊不清、重影等现象。

➢ 印章颜色鲜明，如果颜色较浅请重新盖章。

（二）票据的管理

1. 票据的保管。财务部门要保管好发票、收据、支票等各类票据，实行统一领购，分户建账，视同现金，交由专人管理。公司各种发票、收据由财务部门会计负责，按有关规定登记领购、填制、保管、回收、缴销。银行结算有关票据由财务部门出纳负责，按有关规定登记、领购、填制、保管、回收，建立支票领用登记本。对填写错误的银行支票，必须加盖“作废”戳记与存根一并保存并按银行有关规定缴销。在保管票据，特别是发票时，禁止将本单位发票借给他人使用或代人开票，一经发现，从严处罚。同时还要定期对票据进行清查、盘点，发现问题及时上报。票据的使用实行领发制，领用空白收据和空白支票必须严格管理，专设登记簿进行领用登记，之后按有

小贴士：

盖章也有小技巧：在要盖章的单据下面垫上本子或者一定的纸张，如果印章面呈球面或者弧形，垫物宜略厚略软一些，如印章面平整，则可略薄略硬些。一般情况下，票据的纸质光滑，吸印泥量较少，盖章时宜轻、慢，时间不宜长，可压着印章一端慢慢落下，用印后按住票据一端，慢慢抬起即可。

关规定进行填制、保管、回收、缴销。

2. 票据的防伪。随着票据使用范围的不断扩大，犯罪分子以欺骗为目的对票据进行伪造，变造票据进行经济诈骗的案件多有发生，这不仅威胁着各单位和银行的资金安全，也给我国的金融秩序造成混乱，因此对于票据的防伪识别，也是出纳人员需要重点掌握的必备技能（见表1-3）。

表1-3

<table>
<tr><th>票据名称</th><th>票据特征</th><th>新版票据变动要点</th><th>票据防伪特征</th></tr>
<tr><td>支票</td><td>统一支票底纹颜色，不再按行别分色；现金支票的主题图案为梅花，转账支票、清分机支票主题图案为竹；支票号码前不再冠地名；现金支票上的“现金支票”字样改为黑色印刷</td><td>取消小写金额栏下方支付密码框，调整为密码和行号填写栏（现金支票只有密码栏）；将“本支票付款期限十天”调整为“付款期限自出票之日起十天；存根联“附加信息”栏由三栏缩减为两栏，相应扩大收款人填写栏；背面缩小附加信息栏，背书栏由一栏调整为两栏；“附加信息”栏对应的背面位置加印温馨提示“根据《中华人民共和国票据法》等法律法规的规定，签发空头支票由中国人民银行处以票面金额5%但不低于1000元的罚款”</td><td rowspan="3">（1）纸张防伪。银行票据所公开的纸张防伪特征包括：无荧光纸，水印，金属线，双色荧光纤维等
（2）印刷防伪。银行票据所公开的印刷防伪特征包括凸版印刷，双色底纹，彩虹印刷，微缩文字等
（3）油墨防伪。银行票据所公开的油墨防伪特征包括：有色荧光油墨，无色荧光油墨，红外油墨，水溶油墨，渗透油墨，磁性油墨等
（4）暗记防伪。即银行在签发票据前对票据所进行的防伪暗记设定，具体包括图形暗记和文字暗记等
（5）支付密码器。支付密码器是一种机具，它采用中国人民银行总行和国家商用密码管理委员会（现在为国家商用密码管理局）联合颁布的《支付密码器系统》标准，用于运算产生支付密码，其安全性是由国家专门机构保证的。支付密码产生的多层管理和自动核验等功能，可以减少渎职和内部作案的机会，从而最大限度地保障了用户和银行的资金安全</td></tr>
<tr><td>汇票</td><td>统一汇票（含华东三省一市银行汇票）底纹颜色，银行汇票、银行承兑汇票不再按行别分色；汇票主题图案为兰花；银行汇票号码前一律不再冠地名；银行承兑汇票左上角不再加印各行行徽；取消银行汇票、银行承兑汇票左上角无色荧光暗记</td><td>取消银行汇票收款人账号；小写金额栏增加亿元位；将左上角“付款期限壹个月”调整为“提示付款期限自出票之日起壹个月”，并移置票据左边款处；印制企业名称改印在票据背面左边款；银行承兑汇票票面右下框增加密押栏</td></tr>
<tr><td>本票</td><td>本票主题图案为菊花；行名前不再加印统一徽记；号码前不再冠地名</td><td>增加小写金额栏；将左上角“付款期限贰个月”调整为“提示付款期限自出票之日起贰个月”，并移置票据左边款处；印制企业名称改在票据背面左边款；金额栏右下方增加密押栏和行号填写栏</td></tr>
<tr><td colspan="4">所有票据小写金额栏分隔线由实线改为虚线</td></tr>
</table>

四、保险柜的使用

保险柜是用于专门存放现金，各种有价证券，银行票据，印章及其他出纳票据的器具。为了加强单位保险柜的管理，确保保险柜内存放现金以及各种银行票据等的安全，在使用时必须注意以下事项：

1. 保险柜钥匙的配备。保险柜配备两把钥匙，一把由出纳人员保管，供出纳员日常工作开启使用；另一把由会计机构负责人或者会计主管人员管理。一般情况下，出纳员不能将保险柜钥匙交由他人代为保管。

2. 保险柜的开启。保险柜只能由出纳人员亲自开启使用，非出纳人员不得开启保险柜。如果单位需要对出纳人员工作进行检查，如检查库存现金限额、核对实际库存现金数额，或者有其他特殊情况需要开启保险柜的，应按规定的程序由会计机构负责人或者会计主管人员开启，在一般情况下不得任意开启由出纳员掌管使用的保险柜。

3. 保险柜财务的保管。每日终了，出纳人员应将其使用的空白支票（包括现金支票和转账支票）、银钱收据、印章等放入保险柜内。保险柜内存放的现金应设置和登记现金日记账，其他有价证券、存折、票据等应按种类造册登记，贵重物品应按种类设置备查簿登记其质量、重量、金额等，所有财物应与账簿记录核对相符。按照规定，保险柜内不得存放私人财物。

4. 保险柜的密码。出纳人员应将自己保管使用的保险柜密码严格保密，不得向他人泄露，以防他人利用。出纳人员输入密码时，应当回避他人，并用手遮挡住。出纳人员调动岗位，新出纳员应更换使用新的密码。

5. 保险柜的维护。要保持保险柜柜体干净清洁，柜体上不得放任何其他物品，保险柜内财物应保持整洁卫生、存放整齐。一旦保险柜发生故障，应到公安机关指定的维修点进行修理，以防泄密或失盗。

职业能力训练

一、单项选择题

1. 以下不属于出纳工作的有（　　）。

A. 登记日记账　　B. 办理现金收付

C. 保管库存现金和各种有价证券　　D. 登记债券债务明细账

2. 出纳人员可以兼任（　　）工作。

A. 稽核　　B. 银行日记账的登记

C. 会计档案的保管　　D. 收入、支出、费用账目的登记

3. 以下不属于出纳人员的岗位要求有（　　）。

A. 应熟悉各项会计政策法律、法规

B. 应具有3年以上企业财务工作经验，具有中级会计师以上职称

C. 应具备较强的安全意识，防患于未然

D. 应具备一定的专业技能，具有相应的职业素养

4. 点钞时，一指同时点两张或两张以上的方法称为（　　）。

A. 单指单张点钞法　　B. 单指多张点钞法

C. 多指多张点钞法　　D. 扇面点钞法

5. （　　）点钞方法由于持票面小，能看到票面的3/4，容易发现假钞票及残破票，是点钞中最基本也是最常用的一种方法，使用范围较广，频率较高。

A. 单指单张点钞法　　B. 单指多张点钞法

C. 多指多张点钞法　　D. 扇面点钞法

6. （　　）是一种速度最快的点钞方法，最适合用于整点新券及复点工作。

A. 单指单张点钞法　　B. 单指多张点钞法

C. 多指多张点钞法　　D. 扇面点钞法

二、多项选择题

1. 出纳工作的职能有（　　）。

A. 收付职能　　B. 反映职能

C. 监管职能　　D. 服务职能

2. 出纳工作的特点（　　）。

A. 政策性　　B. 专业性

C. 灵活性　　D. 时效性

3. 以下属于出纳工作的有（　　）。

A. 办理银行结算业务　　B. 登记现金日记账

C. 审批付款业务　　D. 保管空白支票

4. 以下说法正确的是（　　）。

A. 货币资金的会计记录与审核监督职务分离，严格地实施审批制度

B. 支票与预留银行印鉴不能由同一人保管

C. 支票签发与支票审核不得由同一人办理

D. 企业财务专用章和法定代表人印章不得由同一人保管

5. 以下属于出纳人员的职责的有（　　）。

A. 按照国家有关规定，办理现金支付和银行结算业务

B. 按照规定，管理本单位的库存现金和银行账户

C. 审查或参与拟订经济合同或其他经济文件，保障合同符合国家法律法规

D. 保管库存现金和各种有价证券，印章、空白票据的安全与完整

6. 以下属于出纳人员应该具备职业道德有（　　）。

A. 敬业爱岗　　B. 诚实守信

C. 客观公正　　D. 参与管理

7. 以下属于出纳人员保管的票据有（　　）。

A. 支票　　B. 汇票

C. 本票　　D. 股票

三、业务题

新亚电子公司是一家大型国有企业，2017 年 1 月，公司会计机构负责人张某将自己才大学毕业的侄女李某，调入该公司财务部担任出纳，并兼管会计档案工作。李某在工作中很受信任，张某将财务专用章、发票专用章等财务章都交由李某保管放置在出纳保险柜内，出纳保险柜配有 2 把钥匙，一把钥匙李某放在办公室内，一把钥匙放在家中以防万一，请问这一事情当中有哪些不符合《会计法》的规定？

项目二

办理库存现金结算业务

现金管理是出纳实务中的工作重点，也是一个单位内控管理的重要组成部分。本项目主要通过讲解现金管理的相关制度、库存现金的收付款业务以及库存现金的清查工作，帮助相关会计工作人员提升现金管理水平和有关现金业务的执业能力。

项目导航

知识目标	技能目标	职业目标
➢ 理解现金结算的相关概念 ➢ 熟悉现金结算的范围 ➢ 掌握现金收支的基本要求	➢ 能按实际业务情况完成出纳现金业务资料的收集、归类、整理 ➢ 能按库存现金的业务工作流程完成收、付款业务的办理	➢ 掌握库存现金管理能力 ➢ 具备库存现金日常业务的处理能力 ➢ 巩固并加强出纳基本业务技能

任务一　掌握库存现金的管理

任务导入

2019 年 3 月 2 日，辰新商贸有限公司向三江电子设备厂采购 20 个优盘作为职工福利，每个优盘含税单价 80 元，共计 1 600 元，取得三江电子设备厂开具的增值税普通发票，要求辰新商贸有限公司用现金支付。请问三江电子设备厂收款人员的收款方式是否符合相关现金管理规定？

知识准备

一、现金结算的概念及特点

（一）现金结算的概念

现金结算是指在商品交易、劳务供应等经济往来中直接使用现金进行应收、应付款结算的行为。在我国主要适用于单位与个人之间的款项收付，以及单位与单位之间转账结算在现金结算起点金额以下的零星小额收付。

（二）现金管理的特点

1. 直接便利。在现金结算方式下，买卖双方一手交钱，一手交货，当面钱货两清，无须通过中介，因而对买卖双方来说是最为直接和便利的。同样在劳务供应、信贷存放和资金调拨方面，现金结算也是最为直接和便利的，因而广泛地被社会大众所接受。

2. 不安全性。由于现金使用极为广泛和便利，因而便成为不法分子觊觎的最主要目标，很容易被偷盗、贪污、挪用。在现实经济生活中，极大多数的经济犯罪活动都和现金有关。此外，现金还容易因火灾、虫蛀、鼠咬等发生损失。

3. 不易宏观调控和管理。由于现金结算大部分不通过银行进行，因而使国家很难对其进行控制。大量的现金结算会使流通中的现钞过多，从而容易造成通货膨胀，增大对物价的压力。

4. 费用较高。使用现金结算各单位虽然可以减少银行的手续费用，但其清点、运送、保管的费用很大。对于整个国家来说，大量的现金结算会增大整个国家印制、保管、运送现金和回收废旧现钞等工作的费用和损失，浪费人力、物力和财力，因此国家实行现金管理，限制现金结算的范围。

二、现金结算的范围

根据国务院颁布的《现金管理暂行条例》，开户单位可以在下列范围内使用现金：

（1）职工工资、津贴；

（2）个人劳务报酬；

（3）根据国家规定颁发给个人的科学技术、文化艺术、体育等各种奖金；

（4）各种劳保、福利费用以及国家规定的对个人的其他支出；

（5）向个人收购农副产品和其他物资的价款；

（6）出差人员必须随身携带的差旅费；

（7）结算起点以下的零星支出；

（8）中国人民银行确定需要支付现金的其他支出。

上述结算起点定为1 000元，结算起点的调整，由中国人民银行确定，报国务院备案；除上述（5）（6）项外，开户单位支付给个人的款项，超过使用现金限额的部分，应当以支票或者银行本票支付；确需全额支付现金的，经开户银行审核后，予以支付现金。

三、现金使用的限额

根据《现金管理暂行条例》规定，库存现金限额由开户银行根据开户单位3～5天的日常零星开支所需进行核定。边远地区和交通不便地区开户单位的库存现金限额，可以多于5天，但不得超过15天的日常零星开支。

经核定的库存现金限额，开户单位必须严格遵守。需要增加或者减少库存现金限额的，应当向开户银行提出申请，由开户银行核定。

商业和服务行业的找零备用金，也要根据营业额核定定额，但是不包括在开户单位的库存现金限额之内。

四、现金收支的基本要求

1. 开户单位现金收入应当于当日送存开户银行。当日送存确有困难的，由开户银行确定送存时间。

2. 开户单位支付现金，可以从本单位库存现金限额中支付或者从开户银行提取，不得从本单位的现金收入中直接支付（即坐支）。因特殊情况需要坐支现金的，应当事先报经开户银行审查批准，由开户银行核定坐支范围和限额。坐支单位应当定期向开户银行报送坐支金额和使用情况。

3. 开户单位从开户银行提取现金，应当写明用途，由本单位财会部门负责人签字盖章，经开户银行审核后，予以支付现金。

4. 因采购地点不固定，交通不便，生产或者市场急需，抢险救灾以及其他特殊情况必须使用现金的，开户单位应当向开户银行提出申请，由本单位财会部门负责人签字盖章，经开户银行审核后，予以支付现金。

5. 开户单位应当建立健全现金账目，逐笔记载现金支付。账目应当日清月结，账款相符。

6. 开户单位不准用不符合财务制度的凭证顶替库存现金；不准单位之间互相借用现金；不准谎报用途套取现金；不准利用银行账户代其他单位和个人存入或支取现金；不准将单位收入的现金以个人名义存入；不准保留账外公款；不准发行变相货币；不准以任何票券代替人民币在市场上流通。

五、现金核算的内部控制

（一）钱账分管，岗位分离

根据《中华人民共和国会计法》《会计基础工作规范》的有关规定，严格遵循财务内部牵制制度，出纳人员不得兼管稽核、会计档案保管和收入、费用、债权、债务账目的登记工作；出纳人员可以兼顾固定资产明细账、低值易耗品明细账等。出纳负责登记现金日记账和银行存款日记账，现金总账则由会计登记。

（二）严格遵守库存现金日清月结制度

（1）清理、检查各种现金收付款原始凭证，做到账实相符、账证相符。

（2）登记和检查日记账，做到账账相符。

（3）定期、不定期相结合地进行现金盘点工作。

（三）建立健全库存现金开支审批制度

（1）明确本单位库存现金开支范围。

（2）明确各种报销凭证，规范库存现金收支业务的办理流程。

（3）确定相关审批权限。

（4）严格遵循内部控制中的不相容职务相分离的基本要求。

任务二　办理库存现金的收款业务

二维码 2.1
《中华人民共和国现金管理暂行条例》

任务导入

2019 年 3 月 8 日，辰新商贸有限公司实习出纳员丁海收到三笔现金，一笔来源于零星的销售，一笔来源于往来款现金收入，一笔是银行提取的现金，看着一堆单据丁海无从下手。请问他的师父出纳周云应该怎么帮助他理清思路？

知识准备

一、常见现金收入来源

各单位在办理经济业务时，现金收入的主要来源有：

（1）单位或职工交回差旅费剩余款、因公临时借款结算余额、赔偿款、罚款等。

（2）收取不能转账的单位或个人的销售收入以及符合现金结算范围的销售款。

（3）不足转账起点（起点为 1 000 元）的小额零星收入等。

（4）从银行提取现金等。

二、现金收款业务常见表单认识

（一）增值税专用发票和普通发票（见表2－1至表2－4）

表2－1

发票类型	适用范围	联　　次
增值税专用发票	增值税一般纳税人	第一联为记账联 第二联为抵扣联 第三联为发票联
增值税普通发票	增值税小规模纳税人，增值税一般纳税人在不能开具专用发票的情况下也可以使用普通发票	通常采用的是两联普通发票：第一联为记账联，第二联为发票联

表2－2　　增值税专用发票

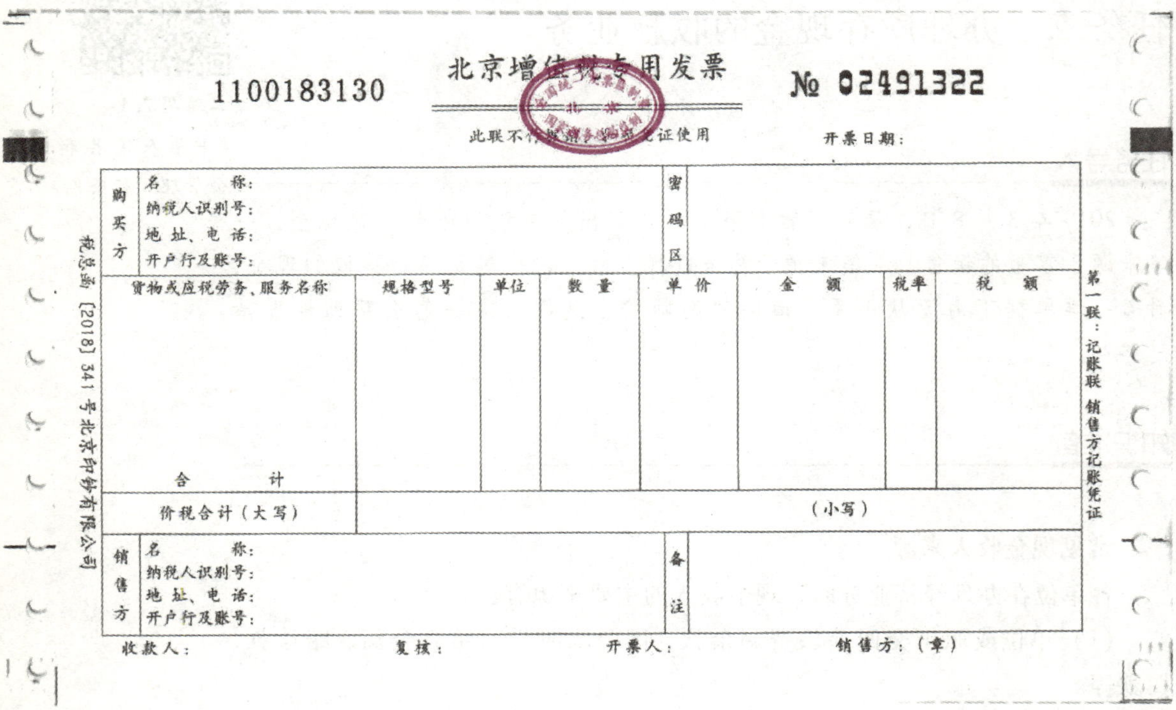

北京增值税专用发票

1100183130　　№ 02491322

此联不作报销、扣税凭证使用　　开票日期：

购买方	名　　称： 纳税人识别号： 地 址、电 话： 开户行及账号：					密码区		
货物或应税劳务、服务名称	规格型号	单位	数　量	单　价	金　额	税率	税　额	
合　　计								
价税合计（大写）					（小写）			
销售方	名　　称： 纳税人识别号： 地 址、电 话： 开户行及账号：					备注		

收款人：　　复核：　　开票人：　　销售方：（章）

税总函〔2018〕341号北京印钞有限公司

第一联：记账联　销售方记账凭证

表 2－3　　　　　　　　　　　　　　**增值税普通发票**

深圳市税务局通用机打发票　**仟元版**

发票代码 341256324724

开票日期：2019 年 01 月 09 日　　　　发　票　联　　　　发票号码 45001231

机打代码：3254788　机打号码：5994712536　检验码：　33625

付款方名称：　深圳华威创新科技有限公司付款方纳税人代码：91440300MA5HDQ370L

开具项目	数量	单价	金额
签字笔	50.00	3.00	150.00
软面抄	50.00	5.00	250.00
复印纸	50.00	16.00	800.00

合计人民币（大写金额）：　壹仟贰佰元整

备注：

开票方名称：　　　开票方纳税人号码：344501222367452　　开票员：　李琳

深圳市鹰王办公用品公司　344501222367452　发票专用章

第一联：发票联　购货单位付款凭证

手开无效

发票防伪查询措施请登录深圳税务局网站：www.szds.gov.cn　（本发票开具合计金额超过万元无效）

表 2－4

011001800104　　　　北京增值税普通发票　　　　№ 91532901

开票日期：

购买方	名称： 纳税人识别号： 地址、电话： 开户行及账号：					密码区			
货物或应税劳务、服务名称		规格型号	单位	数量	单价	金额		税率	税额
合计									
价税合计（大写）						（小写）			
销售方	名称： 纳税人识别号： 地址、电话： 开户行及账号：					备注			

收款人：　　　　复核：　　　　开票人：　　　　销售方：（章）

税总函〔2017〕523号北京东港安全印刷有限公司

第一联：记账联　销售方记账凭证

发票的开具要求：

1. 单位和个人应在发生经营业务、确认营业收入时，才能开具发票。

2. 开具发票，应按号码顺序填开，“全部联次一次性”复写或打印，并在“发票联”和“抵扣联”加盖单位“财务印章或者发票专用章”。

3. 填写发票应当使用中文。民族自治地区可以同时使用当地通用的一种民族文字；外商投资企业和外资企业可以同时使用一种外国文字。

4. 使用电子计算机开具发票必须报主管税务机关批准，并使用税务机关统一监制的机打发票。开具后的“存根联”应当按照顺序号装订成册，以备税务机关检查。

5. 发票开票时限和地点应符合规定。

6. 任何单位和个人不得转借、转让、代开发票、不得拆本使用发票、不得自行扩大发票的使用范围。

7. 任何单位和个人未经批准，不得跨规定的使用区域携带、邮寄、运输空白发票。禁止携带、邮寄或者运输空白发票出入境。

知识扩展

直击“营改增”

(1) 向消费者个人销售货物、劳务、服务、无形资产或者不动产，不得开具增值税专用发票。

(2) 适用免征增值税规定的，一律不得开具增值税专用发票（国有粮食购销企业销售免税粮食除外）。

(3) 提供经纪代理服务向委托方收取的政府性基金或者行政事业性收费，不得开具增值税专用发票。

(4) 提供旅游服务，选择差额扣除的住宿费、餐饮费、交通费、签证费、门票费和支付给其他接团旅游企业的旅游费部分不得开具增值税专用发票，可以开具普通发票。

(5) 金融商品转让，不得开具增值税专用发票。

(6) 有形动产融资性售后回租服务的老合同，选择扣除本金部分后的余额为销售额时，向承租方收取的有形动产价款本金，不得开具增值税专用发票，可以开具普通发票。

（二）收款收据

收据是企事业单位在经济活动中使用的原始凭证，一般没有使用发票的场合，都应该使用收据。收据与我们日常所说的“白条”不能画等号，是重要的原始凭证。

收据可以分为内部收据和外部收据。外部收据又分为税务、财务等部门监制的。内部收据是单位内部的自制凭据，如收取押金、退还多余出差借款等等，这时的内部自制收据是合法的凭据。

收据一般为三联，第一联为存根联，开具人自己留存；第二联为发票联，加盖财务专用章或者单位公章交由交款人保管，作为收款证明；第三联为记账联，作为本单位记账的依据。

收据要连续使用，不得隔本、跳号、断号使用，误填作废要收齐三联并加盖作废戳记一式三联粘贴原号位一并保存。

表 2－5

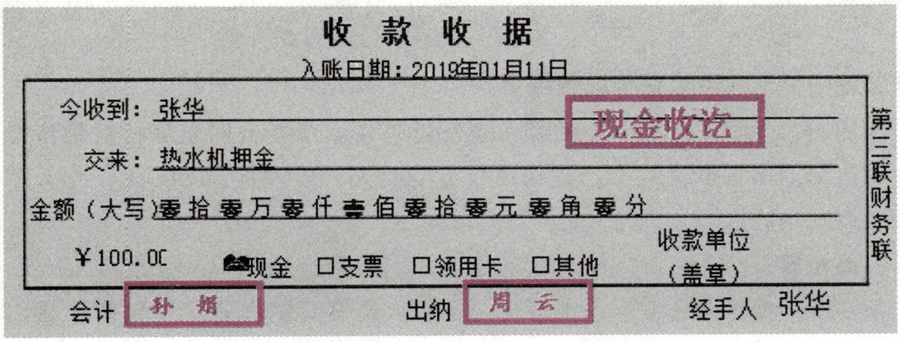
收款收据

入账日期：2019年01月11日

今收到：张华

交来：热水机押金

金额（大写）零拾零万零仟壹佰零拾零元零角零分

¥100.00　■现金　□支票　□领用卡　□其他　收款单位（盖章）

现金收讫

第三联财务联

会计 孙娟　出纳 周云　经手人 张华

三、业务处理流程图

1. 一般零星销售取得现金（见图 2－1）。

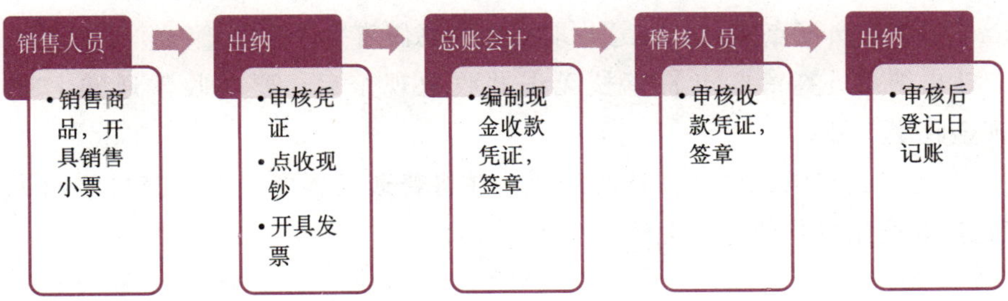

图 2－1

2. 现金收取押金（见图 2－2）。

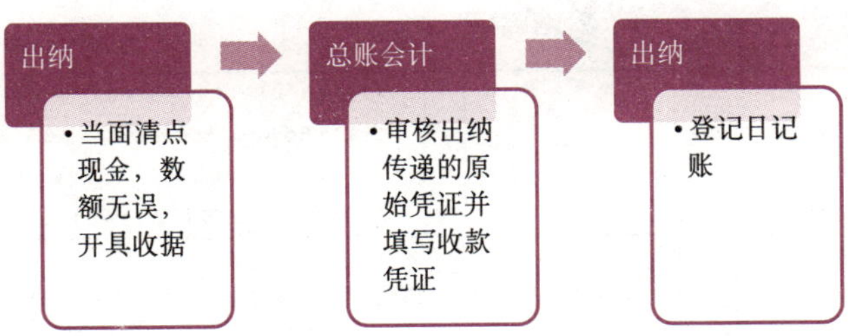

图 2－2

3. 提现业务（见图 2－3）。

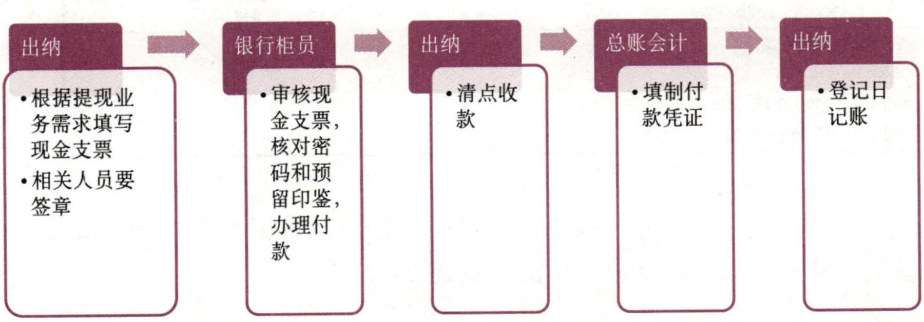

图 2－3

任务实施

任务实施一　一般零星销售取得现金

2019 年 3 月 12 日，辰新商贸有限公司向北京市青云四季旅行社销售鼠标，销售部门出售鼠标 5 个，含税单价 69.60 元，应收货款 348 元，作为零星收入以现金收取。

实施步骤：

第一步：销售业务发生，销售部门销售人员开具销售凭证（销售小票），以此为收款和提货凭据，开具好之后由销售经理审核后，交给购买方。

二维码 2.2
出纳验钞时应注意的问题以及基本技能项目

第二步：出纳人员审核销售凭证并清点所收取的现金。

【出纳人员审核要点】检查销售凭证和其他收款依据是否齐全，应填项目是否填齐全，字迹是否清晰，大小写金额是否一致，签章是否齐全。

【出纳人员清点要点】注意收取现金的真假辨别。

【出纳人员签章要点】审核无误并收取现金后，要在收款通知上加盖“现金收讫”章。

第三步：出纳人员开具普通发票，并将普通发票的发票联交付给购买方和记账联交给本单位总账会计（见表 2－6）。

表 2－6

2355099831　　北京市增值税普通发票　N0341266324724

全国统一发票监制章　北京　国家税务总局监制

机器编码：31890184918　　此联不作报销、扣税凭证使用

开票日期：2019年3月12日

购买方	名　　称：北京市青云四季旅行社 纳税人识别号：11440311MA5HDQ370L 地址、电话：北京市海淀区五道口309号 开户行及账号：中国建设银行五道口支行 000012345678				密码区	67/*+3*0/611*++0/+0*/*+3+2/9 *11*+66666**066611*+66666* 1**+216***6000*261*2*4/*547 203994+-42*64151*6915361/3*		
货物或应税劳务、服务名称		规格型号	单位	数量	单价	金额	税率	税额
鼠标		A6100	个	5	60.00	300.00	16%	48.00
合　计						¥ 300.00		¥ 48.00
价税合计（大写）		人民币叁佰肆拾捌元整				（小写）¥ 348.00		
销售方	名　　称：北京市辰新商贸有限公司 纳税人识别号：11230316MA7HDQ540L 地址、电话：北京市海淀区马神庙231号 010—68538042 开户行及账号：工商银行北京市马神庙支行 23456798731				备注			

收款人：周云　　复核：李宏　　开票人：周云　　销售方：（章）

国税函（2014）257号浙江印钞厂

第一联：记账联　销售方记账凭证

第四步：会计制单人员核对发票和收款通知（销售小票）等相关原始凭证资料，审核无误后编制收款凭证（见表 2－7）。

表 2－7

收　款　凭　证

2019年 03 月 12 日　　　　收字 06 号

摘要	科目		√	借方余额									贷方余额								
	总账科目	明细科目		百	十	万	千	百	十	元	角	分	百	十	万	千	百	十	元	角	分
零售鼠标	库存现金							3	4	8	0	0									
	主营业务收入																3	0	0	0	0
	应交税费	应交增值税（销项税额）																4	8	0	0
合计							¥	3	4	8	0	0				¥	3	4	8	0	0

（附件 1 张）

会计主管 李宏　记账 周云　出纳 周云　稽核 李宏　填制 孙娟

第五步：出纳人员根据审核无误的记账凭证逐日逐笔填写库存现金日记账，并做到日清月结，账实相符，认真核对现金日记账余额与库存现金实有数额。

第六步：会计登账人员根据该记账凭证登记总账。

二维码 2.3 日记账的登账规则和登好的样表

任务实施二　现金收回押金

2019 年 3 月 15 日，恒宇科技信息有限公司在辰新商贸有限公司购买一批电脑，为了能收回更多的包装盒，辰新商贸有限公司决定收取 800 元的包装物押金，该笔押金由恒宇科技信息有限公司的采购人员苏秦单独支付给辰新商贸有限公司的财务部门。

实施步骤：

第一步：出纳当面清点现金，数额无误，妥善保管好收取的现金。

第二步：出纳根据收取的现金数额开具收据，并在收据第二联上加盖“财务专用章”章，第三联上加盖“现金收讫”章（见表 2－8）。

表 2－8

收　款　收　据

入账日期：2019年03月15日

今收到：恒宇科技信息有限公司　苏秦　　【现金收讫】

交来：包装物押金

金额（大写）零拾零万零仟捌佰零拾零元零角零分

¥800.00　　☑现金　□支票　□领用卡　□其他　　收款单位（盖章）

会计 孙娟　　出纳 周云　　经手人 苏秦

第三联财务联

第三步：将第二联交给恒宇科技信息有限公司采购人员，第三联交给总账会计作为填制收款凭证的原始凭证（见表 2－9）。

表 2－9

收 款 凭 证

2019年 03月 15日　　　　收字 07 号

摘要	科目		√	借方余额									贷方余额								
	总账科目	明细科目		百	十	万	千	百	十	元	角	分	百	十	万	千	百	十	元	角	分
收取押金	库存现金							8	0	0	0	0									
	其他应付款	恒宇科技有限公司															8	0	0	0	0
合计							¥	8	0	0	0	0				¥	8	0	0	0	0

（附件 1 张）

会计主管 李宏　记账 周云　出纳 周云　稽核 李宏　填制 孙娟

第四步：出纳根据会计主管审核无误的记账凭证，复核后登记库存现金日记账。

小贴士：

该流程适合很多现金收回往来款业务，例如收回员工预借差旅费长款、收回本单位职工借款等，收取其他往来款等。

任务实施三　提现业务

2019 年 3 月 16 日，辰新商贸有限公司为日常业务的零星支出等现金需求，到银行提取现金 5 000 元。

实施步骤：

第一步：出纳人员填写“支票领用登记簿”交给会计主管审核签字，并按要求填写“现金支票及存根”。

第二步：会计主管在“现金支票”的正面加盖公司财务专用章及法人印章（如果该章在其他工作人员处，还需另外找相关人员加盖此章），在支票背面加盖公司财务专用章。

第三步：出纳将现金支票正联剪下，交由开户银行，办理提现业务，回单位后及时将提取现金放入保险柜。

第四步：出纳将“现金支票存根”交给总账会计填制记账凭证（付款凭证）（见表 2－10）。

二维码 2.4
保险柜的使用

表 2－10

付款凭证

2019年 03月 16日　　　　付字 18 号

摘要	科目		√	借方余额									贷方余额								
	总账科目	明细科目		百	十	万	千	百	十	元	角	分	百	十	万	千	百	十	元	角	分
提取现金	库存现金						5	0	0	0	0	0									
	银行存款															5	0	0	0	0	0
合计						¥	5	0	0	0	0	0			¥	5	0	0	0	0	0

（附件 1 张）

会计主管 李宏　记账 周云　出纳 周云　稽核 李宏　填制 孙娟

第五步：出纳根据会计主管审核无误的记账凭证，复核后登记库存现金日记账和银行存款日记账。

小贴士：

为了加强提现过程的安全性，出纳在取款过程中应有专人陪同前往银行，不得一人办理现金提取。

任务拓展

1. 2019 年 5 月 1 日，辰新商贸有限公司向李某销售优盘 3 个，收取现金 420 元，请思考出纳需要完成什么任务？

2. 2019 年 3 月 26 日，采购部张华出差回来，到财务部进行差旅费报销，张华带回来 8 张原始报销单据，其中往返车票共计 2 433 元，住宿费发票 1 张，金额为 1 600 元，餐费发票 5 张，共计金额为 1 017 元（见图 2－4、表 2－11 至表 2－13）。

图 2－4

表 2－11

差旅费报销单

部门________　　　　年　　月　　日

出差人											出差事由				
出发				到达				交通工具	交通费		出差补贴		其他费用		
月	日	时	地点	月	日	时	地点		单据张数	金额	天数	金额	项目	单据张数	金额
													住宿费		
													市内车费		
													餐费		
													邮电费		
													办公用品费		
													其他		
合计										0.00		0.00			0.00
报销总额	人民币（大写）									预借差旅	¥		补领金额	¥	
													退还金额	¥	

主管　　　　审核　　　　出纳　　　　领款人

表 2－12

收款凭证

2019年 03月 26日　　　　收字 19 号

摘要	总账科目	明细科目	√	借方余额 百	十	万	千	百	十	元	角	分	贷方余额 百	十	万	千	百	十	元	角	分
报销差旅费	库存现金						2	9	5	0	0	0									
	管理费用	差旅费					5	0	5	0	0	0									
	其他应收款	张华														8	0	0	0	0	0
合计						¥	8	0	0	0	0	0			¥	8	0	0	0	0	0

（附件 8 张）

会计主管 李宏　记账 周云　出纳 周云　稽核 李宏　填制 孙娟

表 2－13

收款收据

入账日期：　年　月　日

今收到：________

交来：________

金额（大写）　拾　万　仟　佰　拾　元　角　分

现金　□支票　□领用卡　□其他　　　收款单位（盖章）

会计　　　　出纳　　　　经手人

第三联财务联

要求：

（1）以张华的身份填写一张差旅费报销单。

（2）出纳收款，完成相关单据处理和签章（假设该借款单完全符合公司规定，并已经完成相关人员审批签字），并根据相应的单据及会计填制的记账凭证，登记现金日记账。

任务三　办理库存现金的付款业务

任务导入

2019 年 3 月 18 日，采购部严浩准备去外地出差，来财务部预借差旅费，实习生丁海根据严浩在财务部填写的借款申请书，直接将预借差旅费支付给他，请问丁海的做法有什么问题？

知识准备

一、现金付款业务常见表单认识

（一）费用报销单

在经济业务中如果用现金支付费用时就需要使用费用报销单（见表 2－14），报销单据没有统一的格式，可根据本单位的实际需要进行设计。

表 2－14

费 用 报 销 单

报销部门：　　　　　　年　　月　　日　　　　　　附件共______张

<table>
<tr><td>用　　途</td><td>金　额（元）</td><td>备注</td><td colspan="3"></td></tr>
<tr><td></td><td></td><td rowspan="2">部门领导审批</td><td rowspan="2" colspan="3"></td></tr>
<tr><td></td><td></td></tr>
<tr><td></td><td></td><td rowspan="4">财务部经理审批</td><td rowspan="4"></td><td rowspan="4">总经理审批</td><td rowspan="4"></td></tr>
<tr><td></td><td></td></tr>
<tr><td></td><td></td></tr>
<tr><td>合　　计</td><td></td></tr>
<tr><td colspan="6">合计人民币（大写）：　万　仟　佰　拾　元　角　分</td></tr>
</table>

出纳　　　　　　复核　　　　　　报销人

（二）现金存款凭条

现金存款凭条是单位去银行账户上存现金时，填写的凭证，一般分为两联，第一联银行加盖“现金收讫”章后退给单位作为回单，第二联加盖相关印章作为银行的记账凭证，装订入传票。

此处要注意现金存款凭条和银行进账单在用途上是不同的，银行进账单是持票人或者收款人在收到支票、汇票等票据款项时存入其开户银行账户的凭证，而现金存款凭条是单位去银行账户上存现金时填写的凭证（见表 2－15）。

表 2－15

ICBC 中国工商银行 **现金存款凭条**

年 月 日

<table>
<tr><td rowspan="3">存款人</td><td>全 称</td><td colspan="3"></td></tr>
<tr><td>账 号</td><td></td><td>款项来源</td><td></td></tr>
<tr><td>开户行</td><td></td><td>交 款 人</td><td></td></tr>
</table>

<table>
<tr><td rowspan="2">金额大写 （币种）</td><td>千</td><td>百</td><td>十</td><td>万</td><td>千</td><td>百</td><td>十</td><td>元</td><td>角</td><td>分</td></tr>
<tr><td></td><td></td><td></td><td></td><td></td><td></td><td></td><td></td><td></td><td></td></tr>
</table>

<table>
<tr><td>票面</td><td>张数</td><td>十</td><td>万</td><td>千</td><td>百</td><td>十</td><td>元</td><td>票 面</td><td>张数</td><td>千</td><td>百</td><td>十</td><td>元</td><td rowspan="8">复核： 经办：</td></tr>
<tr><td>壹佰元</td><td></td><td></td><td></td><td></td><td></td><td></td><td></td><td>伍 角</td><td></td><td></td><td></td><td></td><td></td></tr>
<tr><td>伍拾元</td><td></td><td></td><td></td><td></td><td></td><td></td><td></td><td>贰 角</td><td></td><td></td><td></td><td></td><td></td></tr>
<tr><td>贰拾元</td><td></td><td></td><td></td><td></td><td></td><td></td><td></td><td>壹 分</td><td></td><td></td><td></td><td></td><td></td></tr>
<tr><td>壹拾元</td><td></td><td></td><td></td><td></td><td></td><td></td><td></td><td>伍 分</td><td></td><td></td><td></td><td></td><td></td></tr>
<tr><td>伍 元</td><td></td><td></td><td></td><td></td><td></td><td></td><td></td><td>贰 分</td><td></td><td></td><td></td><td></td><td></td></tr>
<tr><td>贰 元</td><td></td><td></td><td></td><td></td><td></td><td></td><td></td><td>壹 分</td><td></td><td></td><td></td><td></td><td></td></tr>
<tr><td>壹 元</td><td></td><td></td><td></td><td></td><td></td><td></td><td></td><td>其 他</td><td></td><td></td><td></td><td></td><td></td></tr>
</table>

第二联 客户核对联

（三）借据

借款单一般用于这些方面：(1) 本单位员工从单位借款自用，以后要归还的情况；(2) 根据单位的业务需要，借款办完业务后拿开具的发票回财务报销的情况；(3) 外单位借款，以后到期归还的情况（见表 2－16）。

表 2－16

借　款　单

申请日期：　　年　月　日

<table>
<tr><td>借款人部门</td><td></td><td>借款人</td><td></td></tr>
<tr><td>借款金额</td><td colspan="2">（大写）</td><td>（小写）</td></tr>
<tr><td>借款用途</td><td colspan="3"></td></tr>
<tr><td>借款方式</td><td colspan="3">汇款（　） 现金（　） 其他（　）</td></tr>
<tr><td>备注</td><td colspan="3"></td></tr>
<tr><td>部门负责人：</td><td colspan="2">总经理：</td><td>财务审核：</td></tr>
</table>

二、业务处理流程图

1. 一般支付现金业务（见图 2－5）。

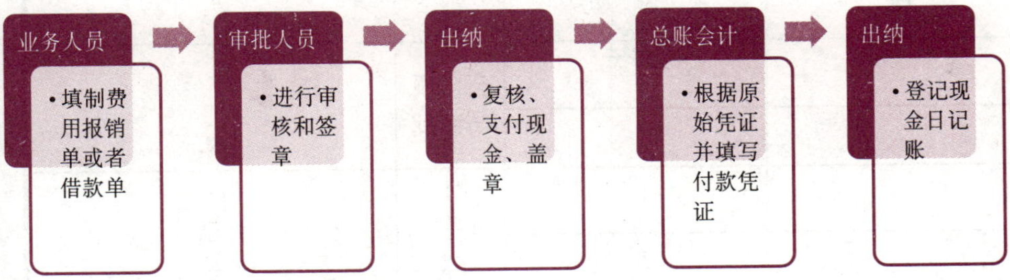

图 2－5

2. 缴存现金业务（见图 2－6）。

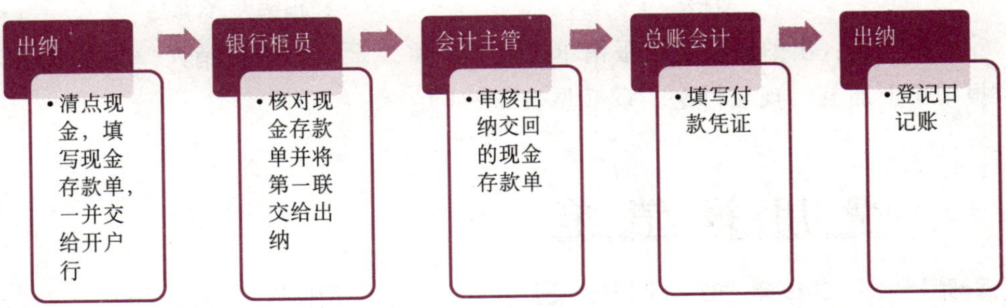

图 2－6

任务实施

任务实施一　零星采购业务支付现金

2019 年 3 月 19 日综合管理部张路采购办公用品一批，合计 560 元，已经取得普通发票，用现金支付。

实施步骤：

第一步：购买办公用品的业务员持购买办公用品取得的发票填写“费用报销单”（见表 2－17）。

第二步：找相关人员办理审批手续。

表 2－17

费 用 报 销 单

报销部门：综合管理部门　　2019 年　03　月　19　日　　附件共 1 张

<table>
<tr><td colspan="2">用　　途</td><td>金　额（元）</td><td>备注</td><td colspan="3"></td></tr>
<tr><td colspan="2">购买办公用品</td><td>560 元</td><td rowspan="2">部门领导审批</td><td colspan="3" rowspan="2">同意
王琴</td></tr>
<tr><td colspan="2"></td><td></td></tr>
<tr><td colspan="2"></td><td></td><td rowspan="5">财务部经理审批</td><td rowspan="5">同意
李琴</td><td rowspan="5">总经理审批</td><td rowspan="5">批准
马进</td></tr>
<tr><td colspan="2"></td><td></td></tr>
<tr><td colspan="2"></td><td></td></tr>
<tr><td colspan="2"></td><td></td></tr>
<tr><td>合</td><td>计</td><td>560 元</td></tr>
<tr><td colspan="7">合计人民币（大写）：　万　仟　伍佰　陆拾　零元　零角　零分</td></tr>
</table>

出纳　　　　复核　　　　报销人 张站

第三步：出纳复核费用报销单及发票，将现金支付给报销人，并在费用报销单上加盖“现金付讫”章（见表 2－18）。

表 2－18

费 用 报 销 单

报销部门：综合管理部门　　2019 年　03　月　19　日　　附件共 1 张

<table>
<tr><td colspan="2">用　　途</td><td>金　额（元）</td><td>备注</td><td colspan="3"></td></tr>
<tr><td colspan="2">购买办公用品</td><td>560 元</td><td rowspan="2">部门领导审批</td><td colspan="3" rowspan="2">同意
王琴</td></tr>
<tr><td colspan="2">现金付讫</td><td></td></tr>
<tr><td colspan="2"></td><td></td><td rowspan="5">财务部经理审批</td><td rowspan="5">同意
李琴</td><td rowspan="5">总经理审批</td><td rowspan="5">批准
马进</td></tr>
<tr><td colspan="2"></td><td></td></tr>
<tr><td colspan="2"></td><td></td></tr>
<tr><td colspan="2"></td><td></td></tr>
<tr><td>合</td><td>计</td><td>560 元</td></tr>
<tr><td colspan="7">合计人民币（大写）：　万　仟　伍佰　陆拾　零元　零角　零分</td></tr>
</table>

出纳 周云　　　　复核 王丽　　　　报销人 张站

第四步：出纳将费用报销单及发票传递给总账会计填制付款凭证（见表2－19）。

表2－19

付 款 凭 证

2019年 03月 19日　　　　付字 22 号

摘要	科目		√	借方余额									贷方余额								
	总账科目	明细科目		百	十	万	千	百	十	元	角	分	百	十	万	千	百	十	元	角	分
购买办公用品报销	管理费用	办公费						5	6	0	0	0									
	库存现金																5	6	0	0	0
合计							¥	5	6	0	0	0				¥	5	6	0	0	0

（附件 2 张）

会计主管 李宏　记账 周云　出纳 周云　稽核 李宏　填制 孙娟

第五步：出纳根据会计主管审核无误的记账凭证，复核后登记库存现金日记账。

任务实施二　现金预借差旅费

2019年3月26日，采购部李佳来财务部门预借差旅费5 000元。

实施步骤：

第一步：往来业务中，借款人员在申请借款前要填好借款申请书，并按单位的规定办理相关的审核、审批手续（见表2－20）。

表2－20

借 款 单

申请日期：2019年 3 月 26 日

借款人部门	采购部	借款人	李佳
借款金额	（大写）人民币伍仟元整		（小写）￥5000.00
借款用途	差旅费		
借款方式	汇款（ ）　现金（√）　其他（ ）		
备注			
部门负责人：同意 卢浩	总经理：批准 马进		财务审核：李宏

第二步：出纳复核借款申请书后支付现金，并在该申请书上加盖“现金付讫”章（见表2－21）。

表2－21

借　款　单

申请日期：2019年 3 月 26 日

借款人部门	采购部	借款人	李佳
借款金额	（大写）人民币伍仟元整		（小写）￥5000.00
借款用途	差旅费		
借款方式	汇款（　）现金（√）其他（　）		
备注			
部门负责人：同意　严浩	总经理：批准　马进		财务审核：李宏

（加盖“现金付讫”章）

第三步：出纳将借款申请书交给总账会计填制记账凭证（见表2－22）。

表2－22

付　款　凭　证

2019年 03月 26日　　付字 41 号

摘要	科目		√	借方余额									贷方余额								
	总账科目	明细科目		百	十	万	千	百	十	元	角	分	百	十	万	千	百	十	元	角	分
预借差旅费	其他应收款	李佳					5	0	0	0	0	0									
	库存现金															5	0	0	0	0	0
合计						￥	5	0	0	0	0	0			￥	5	0	0	0	0	0

（附件 1 张）

会计主管 李宏　记账 周云　出纳 周云　稽核 李宏　填制 孙娟

第四步：出纳根据会计主管审核无误的记账凭证，复核后登记库存现金日记账。

任务实施三　缴存现金业务

2019年3月25日将超过库存现金限额的部分3 456元（其中：100元34

张，50 元 1 张，5 元 1 张，1 元 1 张）送存开户行。

实施步骤：

第一步：出纳在去银行存现之前，要先将送存的现金整理好并清点清楚。

第二步：出纳到了银行之后，必须填写现金存款单，将现金和填好的现金存款单一并交给银行柜员（见表 2－23）。

表 2－23

ICBC 中国工商银行 现金存款凭条

2019 年 3 月 25 日

存款人	全 称	北京市辰新商贸有限公司		
	账 号	23456798731	款项来源	零星收入
	开户行	工商银行北京市马神庙支行	交 款 人	周云

金额大写	（币种）人民币叁仟肆佰伍拾陆元整	千	百	十	万	千	百	十	元	角	分
					¥	3	4	5	6	0	0

票面	张数	十万	万	千	百	十	元	票 面	张数	千	百	十	元
壹佰元	34			3	4	0	0	伍 角					
伍拾元	1					5	0	贰 角					
贰拾元								壹 分					
壹拾元								伍 分					
伍 元	1						5	贰 分					
贰 元								壹 分					
壹 元	1						1	其 他					

工商银行北京市马神庙支行 2019.3.25 现金收讫（1）

复核： 经办：

第二联 客户核对联

第三步：银行工作人员核对所填信息无误后，加盖“现金收讫”章，并把进账单第一联交还给出纳（见表 2－24）。

表 2－24

ICBC 中国工商银行 现金存款凭条

2019 年 3 月 25 日

存款人	全 称	北京市辰新商贸有限公司		
	账 号	23456798731	款项来源	零星收入
	开户行	工商银行北京市马神庙支行	交 款 人	周云

金额大写	（币种）人民币叁仟肆佰伍拾陆元整	千	百	十	万	千	百	十	元	角	分
					¥	3	4	5	6	0	0

票面	张数	十万	万	千	百	十	元	票 面	张数	千	百	十	元
壹佰元	34			3	4	0	0	伍 角					
伍拾元	1					5	0	贰 角					
贰拾元								壹 分					
壹拾元								伍 分					
伍 元	1						5	贰 分					
贰 元								壹 分					
壹 元	1						1	其 他					

工商银行北京市马神庙支行 2019.3.25 现金收讫（1）

复核： 经办：

第二联 客户核对联

第四步：会计主管审核出纳交回的进账单后交给总账会计填写付款凭证（见表 2－25）。

表 2－25

付　款　凭　证

2019 年 03 月 25 日　　　　付字 39 号

摘要	科目		√	借方余额									贷方余额								
	总账科目	明细科目		百	十	万	千	百	十	元	角	分	百	十	万	千	百	十	元	角	分
缴存现金	银行存款	工行账户					3	4	5	6	0	0									
	库存现金															3	4	5	6	0	0
合计						¥	3	4	5	6	0	0			¥	3	4	5	6	0	0

（附件 1 张）

会计主管 李宏　记账 周云　出纳 周云　稽核 李宏　填制 孙娟

第五步：出纳根据会计主管审核无误的记账凭证，复核后登记库存现金日记账和银行存款日记账。

任务拓展

1. 2019 年 3 月 5 日向佳汇文具用品店采购劳保用品支付现金 600 元，请问出纳员该如何处理？

表 2－26

费 用 报 销 单

报销部门：　　　　年　　月　　日　　　　附件共＿＿＿＿张

用　途	金　额（元）	备注			
		部门领导审批			
		财务部经理审批		总经理审批	
合　计					
合计人民币（大写）：　万　仟　佰　拾　元　角　分					

出纳　　　　复核　　　　报销人

2. 2019 年 3 月 15 日，员工张三为提高自身学历于 2019 年 2 月考取在职研究生，入学时需要缴纳学费，因此向单位借款 10 000 元（见表 2－27）。请问出纳员该如何处理？

表 2－27

借　款　单

申请日期：　　年　　月　　日

<table>
<tr><td>借款人部门</td><td></td><td>借款人</td><td></td></tr>
<tr><td>借款金额</td><td colspan="2">（大写）</td><td>（小写）</td></tr>
<tr><td>借款用途</td><td colspan="3"></td></tr>
<tr><td>借款方式</td><td colspan="3">汇款（　）　现金（　）　其他（　）</td></tr>
<tr><td>备注</td><td colspan="3"></td></tr>
<tr><td>部门负责人：</td><td colspan="2">总经理：</td><td>财务审核：</td></tr>
</table>

3. 2019 年 3 月 22 日，辰新商贸有限公司采购部张华要去出差，向财务部预借差旅费 8 000 元，请根据相关材料完成以下任务：

（1）以张华的身份填写一张借款单（见表 2－28）。

（2）出纳付款，完成相关签章（假设该借款单完全符合公司规定，并已经完成相关人员审批签字），并根据借款单及会计填制的记账凭证，登记现金日记账（见表 2－29）。

表 2－28

借　款　单

申请日期：　　年　　月　　日

<table>
<tr><td>借款人部门</td><td></td><td>借款人</td><td></td></tr>
<tr><td>借款金额</td><td colspan="2">（大写）</td><td>（小写）</td></tr>
<tr><td>借款用途</td><td colspan="3"></td></tr>
<tr><td>借款方式</td><td colspan="3">汇款（　）　现金（　）　其他（　）</td></tr>
<tr><td>备注</td><td colspan="3"></td></tr>
<tr><td>部门负责人：</td><td colspan="2">总经理：</td><td>财务审核：</td></tr>
</table>

表 2－29

付 款 凭 证

2019年 03月 22日　　　　　付字 36 号

摘要	科目		√	借方余额									贷方余额								
	总账科目	明细科目		百	十	万	千	百	十	元	角	分	百	十	万	千	百	十	元	角	分
预借差旅费	其他应收款	张华					8	0	0	0	0	0									
	库存现金															8	0	0	0	0	0
合计						¥	8	0	0	0	0	0			¥	8	0	0	0	0	0

（附件 1 张）

会计主管 李宏　记账 周云　出纳 周云　稽核 李宏　填制 孙娟

任务四　完成库存现金的清查

任务导入

辰新商贸有限公司的出纳周云每天都要对保险柜中的库存现金进行清点，采购部的张华有一天下班前见到他在清点现金，就笑话他做事太谨慎，没必要这样，偶尔进行清点就可以了，请问张华和周云谁是对的？

知识准备

为了确保现金管理的有序进行，企业除实行钱账分管制度外，出纳员还应定期和不定期地根据现金日记账结出的库存现金余额，与库存现金实有数进行核对，做到账实相符，因此库存现金的清查盘点是出纳人员非常重要的一项工作。

一、现金清查基础知识（见表 2－30）

表 2－30　现金清查相关知识要点

种类	日常清查	出纳人员根据现金管理相关规定，做到“日清月结”，每日终了，根据现金日记账结出的库存现金余额，与库存现金实有数核对，做到账实相符
	专项清查	为加强出纳工作监督，及时发现现金差错或丢失，防止贪污、盗窃、挪用公款等不法行为发生，各单位应组成专门的财产清查小组，由专门的清查人员和出纳人员一起对库存现金进行专门的盘点清查

续表

时间	定期清查	根据本单位现金管理制度规定好的时间，进行库存现金的盘点清查
	不定期清查	根据经济活动的需要进行临时清查，如遇到财务人员变动时，开展审计活动时，都可以进行临时的库存现金清查
方法	最基本的方法是实地盘点法，通过实地盘点来确定库存现金的实存数，然后再与现金日记账的账面余额核对，以查明账实是否相符及盘点盈亏情况	
内容	1. 库存现金的实存数与账面数是否相符 2. 是否有违反现金管理制度的情况出现，如白条顶库、挪用公款等 3. 是否有未经开户行审批，出现的违规行为，如超限额留存现金、坐支现金 4. 有无其他违反现金管理制度的情况出现	

二、现金清查表单认识

库存现金盘点情况应登记在“库存现金盘点报告表”上，该表没有固定的法定样式，出纳员可根据本单位的具体情况在以表 2 – 31 的基础上进行相关盘查内容的增减。

表 2 – 31　　库存现金盘点表

被审单位名称			索　引　号		
盘点日期			监盘人		
货币面值	张（枚）数	金　额	项　　目	行次	金　额
100 元			调整前现金账面余额	①	
50 元			加：已收入但未记账	②	
20 元			减：已付出但未记账	③	
10 元			调整后实际账面余额	④ = ① + ② – ③	
5 元			盘点日实有现金数额	⑤	
2 元			长款	⑥ = ⑤ – ④ > 0	
1 元			短款	⑦ = ⑤ – ④ < 0	
5 角					
2 角					
1 角					
5 分					
2 分			长款（短款）原因：		
1 分					
实点数					

会计主管：　　　　监盘人：　　　　出纳员：

三、现金清查结果处理（见表 2－32）

表 2－32

清查结果	查明原因前	查明原因报批后
盘盈： 现金长款	借：库存现金 　　贷：待处理财产损溢——待处理流动资产损溢	借：待处理财产损溢——待处理流动资产损溢 　　贷：其他应付款（有主款项） 　　　　营业外收入（无法查明原因的款项）
盘亏： 现金短款	借：待处理财产损溢——待处理流动资产损溢 　　贷：库存现金	借：管理费用（无法查明原因的款项） 　　其他应收款（有赔款部分） 　　　　贷：待处理财产损溢——待处理流动资产损溢

四、业务处理流程图（见图 2－7）

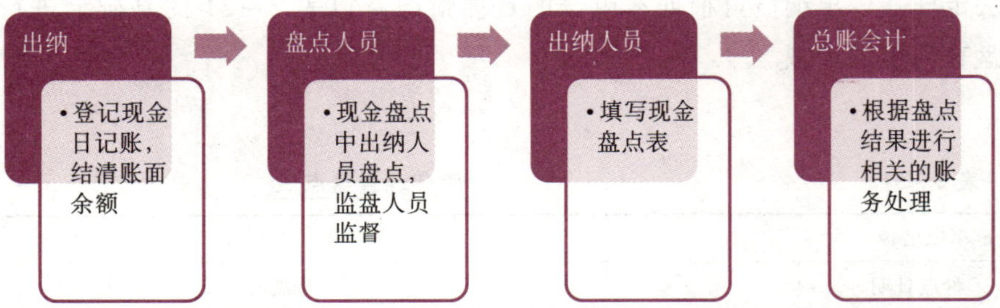

图 2－7

任务实施

任务实施　现金盘点

2019 年 3 月 23 日，在财务部门会计主管李宏的参与下，由王丽监盘，出纳周云采用实地盘点法对库存现金进行盘点。盘点的结果为 100 元 30 张，50 元 11 张，10 元 8 张，5 元 6 张，1 元 17 张，5 角 8 张，共计金额 3 681 元。同时出纳周云手中还有 1 笔 340 元的收款业务和 1 笔 185 元的付款业务，这两笔业务均已进行现金结算，但是相关票据还未传递给总账会计孙娟，周云也没有登记现金日记账，截至 3 月 22 日现金日记账账面上的余额显示为 3 520 元。

实施步骤：

第一步：在盘点前，出纳人员应先将现金收、付凭证全部登记入账，并结出余额。

第二步：盘点时，出纳人员必须在场，现金由出纳人员经手盘点，清查人员从旁监督。盘点过程中，除查明账实是否相符外，还要查明有无违反现金管理规定，如有无以“白条”抵冲现金，现金库存是否超过核定的限额，有无坐支现金等。

第三步：盘点结束应根据盘点结果编制“库存现金盘点报告表”，并由检查人员和出纳人员签名盖章，作为重要的原始凭证（见表2－33）。

表2－33　　**库存现金盘点表**

被审单位名称			辰新商贸有限公司		
盘点日期	2019年3月23日		监盘人	王丽	
货币面值	张（枚）数	金　额	项　　目	行次	金　额
100元	30	3 000	调整前现金账面余额	①	3 520
50元	11	550	加：已收入但未记账	②	340
20元			减：已付出但未记账	③	185
10元	8	80	调整后实际账面余额	④＝①＋②－③	3 675
5元	6	30	盘点日实有现金数额	⑤	3 681
2元			长款	⑥＝⑤－④＞0	6
1元	17	17	短款	⑦＝⑤－④＜0	
5角	8	4			
2角					
1角					
5分					
2分			长款（短款）原因：		
1分					
实点数		3 681	未查明原因		

会计主管：李宏　　监盘人：王丽　　出纳员：周云

第四步：根据盘点结果，若长款原因不明，会计人员进行相关会计的账务处理（见表2－34、表2－35）。

表2－34

收　款　凭　证

2019年 03月 23日　　　　收字 08 号

摘要	科目 总账科目	明细科目	√	借方余额 百	十	万	千	百	十	元	角	分	贷方余额 百	十	万	千	百	十	元	角	分
现金盘盈	库存现金									6	0	0									
	待处理财产损溢	待处理流动资产损溢																	6	0	0
	合计								¥	6	0	0						¥	6	0	0

（附件 1 张）

会计主管 李宏　记账 周云　出纳 周云　稽核 李宏　填制 孙娟

表 2－35

转 账 凭 证

2019年 03月 23日　　　　转字 26 号

摘要	科目		√	借方余额									贷方余额								
	总账科目	明细科目		百	十	万	千	百	十	元	角	分	百	十	万	千	百	十	元	角	分
现金盘盈	待处理财产损溢	待处理流动资产损溢								6	0	0									
	营业外收入																		6	0	0
合计									¥	6	0	0						¥	6	0	0

（附件 1 张）

会计主管 李宏　记账 孙娟　出纳　稽核 李宏　填制 孙娟

第五步：出纳根据会计主管审核无误的记账凭证，复核后登记库存现金日记账。

任务拓展

如果上述业务：2019 年 3 月 23 日，在财务部门会计主管李宏的参与下，由王丽监盘，出纳周云采用实地盘点法对库存现金进行盘点。盘点的结果为 100 元 30 张，50 元 11 张，10 元 8 张，5 元 6 张，1 元 17 张，5 角 8 张，共计金额 3 681 元。同时出纳周云手中还有 1 笔 340 元的收款业务和 1 笔 185 元的付款业务，这两笔业务均已进行现金结算，但相关票据还未传递给总账会计孙娟，周云也没有登记现金日记账，截至 3 月 22 日现金日记账账面上的余额显示为 3 600 元，这项业务应该如何处理（见表 2－36）？

表 2－36　　**库存现金盘点表**

被审单位名称			索引号		
盘点日期			监盘人		
货币面值	张（枚）数	金　额	项　　目	行次	金　额
100 元			调整前现金账面余额	①	
50 元			加：已收入但未记账	②	
20 元			减：已付出但未记账	③	
10 元			调整后实际账面余额	④＝①＋②－③	
5 元			盘点日实有现金数额	⑤	
2 元			长款	⑥＝⑤－④	
1 元			短款	⑦＝⑤－④	
5 角					

续表

货币面值	张（枚）数	金　额	项　　目	行次	金　额
2 角					
1 角					
5 分					
2 分			长款（短款）原因：		
1 分					
实点数					

会计主管：　　　　监盘人：　　　　出纳员：

职业能力训练

一、单项选择题

1. 现金是由（　　）经管的。

A. 出纳　　B. 会计主管人员

C. 总会计师　　D. 单位负责人

2. 企业流动性最强的资产是（　　）。

A. 货币资金　　B. 应收账款

C. 应收票据　　D. 短期借款

3. 下列说法不正确的是（　　）。

A. 现金是流动性最强的一种货币资金

B. 企业收入现金应于当日送存银行

C. 企业收入现金必须当日送存开户银行

D. 企业可用现金收入直接用于现金支出

4. 增值税专用发票应当加盖的印章是（　　）。

A. 财务专用章　　B. 发票专用章

C. 公章　　D. 法人章

5. 库存现金的限额由（　　）核定。

A. 企业　　B. 银行

C. 企业与银行　　D. 不用核定

6. 为保证现金安全，大额的库存现金送存银行一般由（　　）人一起送存。

A. 1　　B. 2

C. 3　　D. 4

7. 下列项目中，不允许使用现金的是（　　）。

A. 支付职工工资　　B. 向农民收购农副产品

C. 购买机器设备　　D. 职工预借差旅费

8. 现金出纳员从银行提取现金之后，应编制（　　）凭证。

A. 现金收款　　B. 现金付款

C. 银行存款收款　　D. 银行存款付款

9. 某出票人于10月15日签发一张现金支票。根据《支付结算法》的规定，对该支票“出票日期”中的“月”“日”的下列填法中，符合规定的是（　　）。

A. 零壹拾月拾伍日　　B. 零壹拾月零拾伍日

C. 壹拾月拾伍日　　D. 零壹拾月壹拾伍日

10.（　　）不可能成为现金支出的原始凭证。

A. 银行汇票　　B. 工资表

C. 报销单　　D. 支出证明单

11. 出纳员支付现金后，应根据审核无误的支出凭证及所付的发票等单据，填制（　　）。

A. 现金支付证明单　　B. 银行存款付款凭证

C. 现金付款凭证　　D. 转账凭证

12. 现金支出的原始单据由（　　）审批。

A. 经办人　　B. 主管领导

C. 会计　　D. 出纳员

13. 现金支出的原始单据由（　　）复核。

A. 经办人　　B. 会计

C. 出纳员　　D. 主管领导

14. “现金付讫”戳记应由（　　）加盖在有关现金付款原始凭证上。

A. 经办人　　B. 会计

C. 主管领导　　D. 出纳员

15. 行政部门报销差旅费，应借记（　　）科目。

A. “生产成本”　　B. “制造费用”

C. “管理费用”　　D. “销售费用”

16. 车间职工报销差旅费，应借记（　　）科目。

A. “生产成本”　　B. “制造费用”

C. “管理费用”　　D. “销售费用”

17. 职工借支差旅费，应借记（　　）科目。

A. “应收账款”　　B. “制造费用”

C. “管理费用”　　D. “其他应收款”

18. 对库存现金进行清查后编制记账凭证的依据是（　　）。

A. 现金日记账　　B. 库存现金盘点报告单

C. 银行存款日记账　　D. 银行对账单

19. 库存现金的长款无法查明原因应记入（　　）科目。

A. “财务费用”　　B. “其他应收款”

C. “管理费用”　　D. “营业外收入”

20. 发生库存现金短缺，无法查明原因，应通过（　　）科目进行调整核销。

A. “其他应付款”　　B. “其他应收款”

C. “管理费用”　　D. “营业外支出”

二、多项选择题

1. 现金收入不包括（　　）。

A. 转账支票取得的销售收入　　B. 销售商品取得的现金收入

C. 提供劳务取得的现金收入　　D. 收到商业汇票取得的收入

2. 出纳人员在办理收款或付款后，要在（　　）上加盖“收讫”或“付讫”戳记，应避免重收或重付。

A. 原始凭证　　B. 记账凭证

C. 付款凭证　　D. 收款凭证

3 现金收入业务的内容主要包括（　　）。

A. 销售商品收入的现金　　B. 提供劳务收入的现金

C. 提供非经营性服务取得的现金收入　　D. 单位内部往来的收入业务

4. 现金收入业务的程序一般为（　　）。

A. 复核现金收入来源

B. 复核现金收款凭证，即复核现金收入的合法性、真实性和准确性

C. 当面清点现金并复点

D. 开具收款收据并加盖“现金收讫”印章及人名章

E. 根据现金收款凭证登记现金日记账

5. 下列做法不符合现金管理制度规定的有（　　）。

A. 企业不能坐支

B. 不准用单位收入的现金以个人名义存入银行

C. 不准保留账外公款

D. 企业大额现金可以存入保险柜

6. 下列各项中可用现金支付的是（　　）。

A. 购买办公用品 500 元

B. 业务员预借差旅费 4 000 元

C. 向农民收购农产品 3 000 元

D. 向技术员发放奖金 6 000 元

7. 填写现金支票时，在正联的背面应加盖（　　）。

A. 企业公章　　B. 企业财务专用章

C. 法定代表人印章　　D. 出纳名章

8. 费用报销单的签字人员有（　　）。

A. 经办人　　B. 出纳员

C. 部门经理　　D. 库管员

9. 以下凭证可以作为现金收付款原始凭证的有（　　）。

A. 现金支票存根　　B. 未经批准的职工临时借款单

C. 银行缴款单回执联　　D. 财务部门开具的小额销货发票记账联

10. 备用金的管理办法有（　　）。

A. 定额管理　　B. 5 天

C. 15 天　　D. 非定额管理

11. 职工报销费用时，出纳员应审核现金支出凭证及所附发票等单据。主要审核的内容有（　　）等。

A. 费用发生的时间　　B. 金额

C. 经办人签章　　D. 主管领导的签章

12. 据以登记库存现金日记账的记账凭证包括（　　）。

A. 现金收款凭证　　B. 现金付款凭证

C. 银行存款付款凭证　　D. 转账凭证

13. 在对库存现金盘亏进行转销时，应查明原因，可能记入（　　）科目。

A. "其他应付款"　　B. "其他应收款"

C. "管理费用"　　D. "营业外支出"

14. 核销存货的盘盈时，应贷记的会计科目是（　　）。

A. "待处理财产损溢"　　B. "其他业务收入"

C. "管理费用"　　D. "营业外收入"

15. 对发生库存现金长款，待查明原因后，可能记入（　　）科目。

A. "库存现金"　　B. "其他应付款"

C. "管理费用"　　D. "营业外收入"

三、判断题

1. 现金收入业务是各企业在其生产经营和非生产经营活动中取得现金的业务。（　　）

2. 收款收据一般用于单位内部职能部门或职工之间的现金往来，由各单位根据自己的需要设计购买。（　　）

3. 企业与经营无关发生的现金收入可以不用入账，或将现金单独存入保险柜中保管。（　　）

4. 出纳人员应该在每日营业结束后，结出库存现金日记账的收支和结余，清点库存量现金实有数，相互核对。（　　）

5. 库存现金限额每年必须核定一次。（　　）

6. 在实际工作中，将现金存入银行业务应该编制银行收款凭证。（　　）

7. 企业从开户银行提取现金，应当写明用途，由本单位负责人签字盖章，经开户银行审核后支付现金。（　　）

8. 支票的提示付款期限自出票日起两个月之内。（　　）

9. 转账支票又可以提现又可以转账。（　　）

10. 单位和个人在同一票据交换区域的各种款项结算均可使用支票。（　　）

11. 企业职工采购办公用品支出，可以仅凭支出凭证报销领款。（　　）

12. 企业在无法取得发票时，可以用费用报销单作为支付现金的原始凭证。（　　）

13. 职工报销差费时，若出现借款超支的情况，出纳员应当填写收款补付款项。（　　）

14. 在清查库存现金时，出纳人员可以不在场。（　　）

15. 在清查库存现金时，发现白条只要能说清情况，不算违纪。（　　）

16. 在清查库存现金时，如发现账面余额数小于实际盘存数，就是为盘亏。（　　）

17. 对发生库存现金短缺，待查明原因后属于应由保险公司赔偿的部分，借记“其他应付款——应收保险赔款”。（　　）

18. 对发生库存现金长款，待查明原因后属于无法查明原因的现金溢余，经批准后，贷记“营业外收入——现金溢余”。（　　）

19. 发生库存现金长款，经查无任何原因的应当通过“管理费用”科目进行核销。（　　）

20. 企业当日收入现金 1 000 元，可以将其中的 600 元直接支付当日的零星支出。（　　）

四、业务题

1. 2019 年 7 月 5 日，辰新商贸有限公司采购部张华要去出差，向财务部预借差旅费 7 000 元，请根据相关材料完成以下任务（见表 2－37）。

表 2－37

借　款　单

申请日期：　　年　月　日

借款人部门		借款人	
借款金额	（大写）		（小写）
借款用途			
借款方式	汇款（　）　现金（　）　其他（　）		
备注			
部门负责人：	总经理：		财务审核：

（1）以张华的身份填写一张借款单。

（2）出纳付款，完成相关签章（假设该借款单完全符合公司规定，并已经完成相关人员审批签字），并根据借款单及会计填制的记账凭证，填写现金日记账。

2. 7月9日，采购部张华出差回来，到财务部进行差旅费报销，张华带回来8张原始报销单据，其中往返机票共计3 200元（见表2－38、表2－39），住宿费发票1张，金额为980元，餐费发票5张，共计金额为870元。

表2－38

航空运输电子客票行程单
ITINERARY/RECEIPT OF E-TICKET FOR AIR TRANSPORT

印刷序号：SERIAL NUMER

旅客姓名NAME OF PASSENGER	有效身份证件号码ID. NO.	签注ENDORSEMENTS/RFSTRI(TIONSICARBON)
张华	530102198030261427	

	承运人 CARRIER	航班号 FLIGHT	座位等级 CLASS	日期 DATE	时间 TIME	客票级别/客票类别 FARE DASIS	客票生效日期 NOTVALID BEFORE	有效截止日期 MOT VALID AFIER	免费行李 ALLOW
自FROM 北京	张华	CA984	经济舱	2019-7-06	14:10		2019-7-06	2019-7-06	
至TO 深圳									
至TO									
至TO									
至TO	票价 FARE 1450		机场建设费 AIRPORI TAX 100		燃油附加费 FUEL SLRCHARGE 50		其他税费 OTHER ATXES	合计 TOTAL 1600	

电子客票号码 E-TICKEINO	42839472930	验证码 CK.	32…54	提示信息 INFORMATION	3255253	保险费 INSURANCE	
销售单位代号 AGENT CODE	1431434	填开单位 ISSUED BY				填开日期 DATE OF ISSUE	2019-7-6

表2－39

航空运输电子客票行程单
ITINERARY/RECEIPT OF E-TICKET FOR AIR TRANSPORT

印刷序号：SERIAL NUMER

旅客姓名NAME OF PASSENGER	有效身份证件号码ID. NO.	签注ENDORSEMENTS/RFSTRI(TIONSICARBON)
张华	530102198030261427	

	承运人 CARRIER	航班号 FLIGHT	座位等级 CLASS	日期 DATE	时间 TIME	客票级别/客票类别 FARE DASIS	客票生效日期 NOTVALID BEFORE	有效截止日期 MOT VALID AFIER	免费行李 ALLOW
自FROM 深圳	张华	CA986	经济舱	2019-7-08	17:10		2019-7-08	2019-7-08	
至TO 北京									
至TO									
至TO									
至TO	票价 FARE 1450		机场建设费 AIRPORI TAX 100		燃油附加费 FUEL SLRCHARGE 50		其他税费 OTHER ATXES	合计 TOTAL 1600	

电子客票号码 E-TICKEINO	42839472930	验证码 CK.	32…54	提示信息 INFORMATION	3255253	保险费 INSURANCE	
销售单位代号 AGENT CODE	1431434	填开单位 ISSUED BY				填开日期 DATE OF ISSUE	2019-7-6

表2－40

差旅费报销单

部门＿＿＿＿＿＿＿＿ 年 月 日

出差人								出差事由							
出发				到达				交通工具	交通费		出差补贴		其他费用		
月	日	时	地点	月	日	时	地点		单据张数	金额	天数	金额	项目	单据张数	金额
													住宿费		
													市内车费		
													餐费		
													邮电费		
													办公用品费		
													其他		
合计															
报销总额	人民币（大写）							预借差旅	¥				补领金额	¥	
													退还金额	¥	

主管 审核 出纳 领款人

（1）以张华的身份填写一张差旅费报销单（见表2-40）。

（2）出纳收款，完成相关单据处理和签章（假设该借款单完全符合公司规定，并已经完成相关人员审批签字），并根据相应的单据及会计填制的记账凭证，填写现金日记账。

3. 2019年7月28日，在财务部门会计主管李宏的参与下，由王丽监盘，出纳周云采用实地盘点法对库存现金进行盘点。盘点的结果为100张25元，50元10张，10元7张，5元6张，1元15张，共计金额3 115元。同时出纳周云手中还有1笔240元的收款业务和1笔160元的付款业务，这两笔业务均已进行现金结算，但是相关票据还未传递给总账会计孙娟，周云也没有登记现金日记账，截至3月22日现金日记账账面上的余额显示为3 050元，这项业务应该如何处理（见表2-41）？

表2-41　　**库存现金盘点表**

被审单位名称			索引号		
盘点日期			监盘人		
货币面值	张（枚）数	金　额	项　目	行次	金　额
100元			调整前现金账面余额	①	
50元			加：已收入但未记账	②	
20元			减：已付出但未记账	③	
10元			调整后实际账面余额	④=①+②-③	
5元			盘点日实有现金数额	⑤	
2元			长款	⑥=⑤-④	
1元			短款	⑦=⑤-④	
5角					
2角					
1角					
5分					
2分			长款（短款）原因：		
1分					
实点数					

会计主管：　　　　　　　　监盘人：　　　　　　　　出纳员：

项目三

办理银行存款结算业务

银行存款是企业货币资金的主体，是确保企业正常经营有效运作的合理保障。本项目主要介绍银行存款账户的开立、变更、撤销，银行存款结算方式及账务处理，银行存款清查等内容。

项目导航

知识目标	技能目标	职业目标
➢ 理解银行存款结算的相关概念 ➢ 了解银行账户的管理原则 ➢ 熟悉了解银行账户的分类	➢ 熟悉银行结算账户的开立与撤销 ➢ 熟悉各种票据的种类与规定、程序	➢ 掌握银行存款业务管理能力 ➢ 具备银行存款日常业务的处理能力 ➢ 熟练各种票据的办理业务

任务一　开立与管理银行结算账户

任务导入

丁海是辰新商贸有限公司的实习出纳员，一直跟随师父周云学习出纳工作，这天财务主管李宏对他说周云休假，由他来接手出纳岗位。丁海很激动同时也很忐忑，因为还不太熟悉出纳工作，尤其是企业中银行存款的业务比现金业务量要大许多，如银行账户的开立、变更与撤销如何做，如何与开户银行对账等，丁海都还不是很熟悉，于是丁海积极地投入到了银行存款管理的学习中。

知识准备

一、银行存款的管理

（一）银行存款的管理要求

银行存款是企业货币资金的重要组成部分，各单位应当建立健全银行存款的管理制度，加强对银行存款的管理，具体管理办法如下：

1. 根据国家相关规定，凡是独立核算的单位都必须在当地银行开设账户，办理各项款项的收付；在经营过程中所发生的一切货币收支业务，除按核定库存现金限额保留的现金以外的款项外，都必须通过银行办理结算。

2. 各单位须依据资金的不同性质、用途，分别在银行开设各类账户，并严格遵守国家与银行管理制度的各项结算要求和《现金管理暂行条例》，接受银行监督。

3. 加强银行存款的管理，各单位应于月末与开户银行对账，编制银行存款余额调节表逐月与银行核对余额，防止错账。

（二）银行结算账户的管理原则

1. 一个基本账户原则。存款人在银行开立基本存款账户，实行由中国人民银行当地分支机构核发开户许可证制度。同时，存款人在其账户内必须有足够的资金，以保证支付，收付款双方在经济交往过程中，只有坚持诚实信用，交易一旦达成，才能保证各方经济活动的顺利进行。

2. 自愿选择原则。存款人自主支配原则，存款人可以自主选择银行开户，银行也可以自愿选择存款人；一经双方相互认可后，存款人应遵循银行结算的规定，而银行应保证对资金的所有权和自主支配权不受侵犯。

3. 存款保密原则。银行必须依法为存款人保密，除国家法律规定的国务院授权中国人民银行总行的监督项目外，银行不代任何单位和个人查询、冻结存款人账户内的存款，以维护存款人资金的自主支配权。

4. 守法原则。银行不得利用存款人账户进行违法活动。

二、银行结算账户的种类

银行结算账户，是指单位或个人在银行开立的办理各项资金收付结算业务的人民币活期存款账户。银行存款账户按存款人不同可以分为单位银行结算账户与个人银行结算账户。

单位银行结算账户，是指存款人以单位名称开立的银行结算账户。单位银行结算账户按用途可分为基本存款账户、一般存款账户、专用存款账户与临时存款账户。个体工商户凭营业执照以字号或经营者姓名开立的银行结算账户纳入单位银行结算账户管理。

个人银行结算账户，是指存款人凭个人身份证件以自然人名称开立的银行结算账户。个人因使用借记卡、信用卡在银行或邮政储蓄机构开立的银行结算账户，纳入个人银行结算账户管理。

银行结算账户分类如图 3－1 所示。

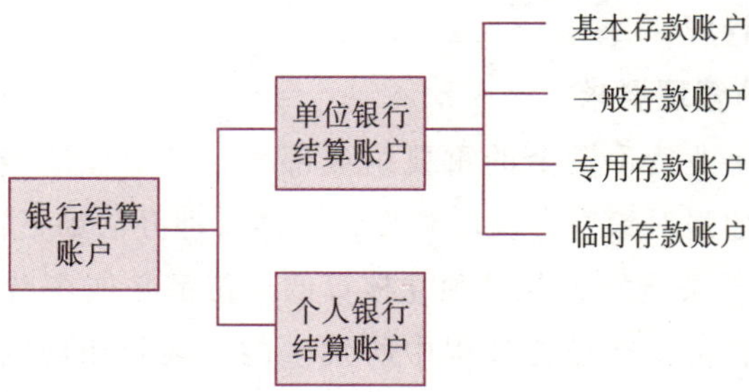

图 3－1　银行结算账户分类

三、银行结算账户的开立

（一）基本存款账户的开立

1. 基本存款账户是存款人的主办账户，是存款人办理日常转账结算和现金收付业务时开立的银行账户。主要特征有：存款人日常经营活动的资金收付、工资奖金及现金的支取都通过此账户办理；存款人只能在一家银行开立一个基本账户。

存款人开立基本存款账户、临时存款账户（因注册验资和增资验资需要开立的临时存款账户除外）和预算单位开立专用存款账户、QFII 专用存款账户实行核准制，经中国人民银行核准后由开户银行核发开户登记证。开户许可证如图 3－2 所示。

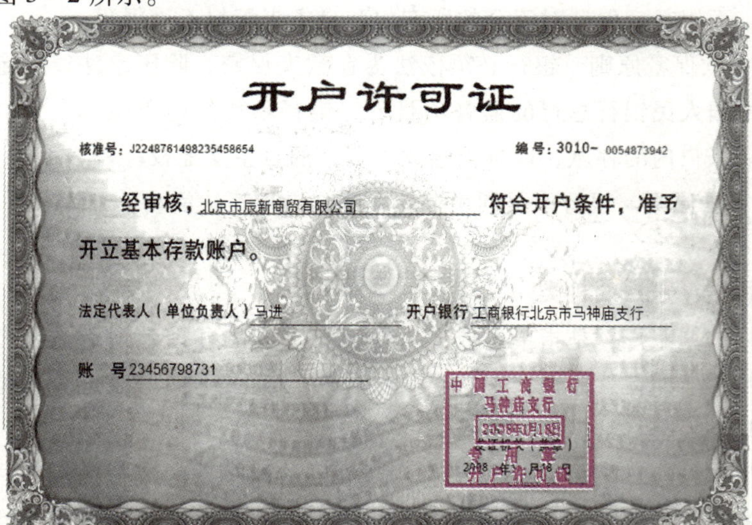
开户许可证

核准号：J2248761498235458654　　编号：3010-0054873942

经审核，北京市辰新商贸有限公司 符合开户条件，准予开立基本存款账户。

法定代表人（单位负责人）马进　　开户银行 工商银行北京市马神庙支行

账　号 23456798731

中国工商银行马神庙支行

2008 年　月 18 日

图 3－2　开户许可证

根据《人民币银行结算账户管理办法》相关规定，下列存款人可以申请开立基本存款账户：

（1）企业法人。

（2）非法人企业机关。

（3）事业单位。

（4）团级（含）以上军队、武警部队及分散执勤的支（分）队。

（5）社会团体。

（6）民办非企业组织（如不以营利为目的的民办学校、福利院、医院）。

（7）异地常设机构。

（8）外国驻华机构。

（9）个体工商户。

（10）居民委员会、村民委员会、社区委员会。

（11）单位设立的独立核算的附属机构。

（12）其他组织。

2. 基本存款账户开立的程序及所需证明文件。

基本存款账户开立程序如下：

（1）存款人填制“开户申请书”，并在存款人签章处加盖单位公章和法人签章。

（2）开户银行审核证明文件。如果开户申请书等符合开立条件的，银行将存款人的相关资料报送中国人民银行当地分支行核准后办理开户手续。

（3）人民银行办理核准手续。中国人民银行在两个工作日内对银行所报送资料进行审核，符合开户条件的，准予核发基本存款账户开户登记证。不符合条件的，应在开户申请书上出具退单理由，连同相关证明文件退回开户银行。

（4）开户银行通知单位。

具体如图 3－3 所示。

图 3－3　基本存款账户开立的程序

开立基本存款账户，存款人需要向银行出具以下证明文件：

（1）企业法人，应出具企业法人营业执照正本。

（2）非法人企业，应出具企业营业执照正本。

（3）机关和实行预算管理的事业单位，应出具政府人事部门或编制委员会的批文或登记证书和财政部门同意其开户的证明；非预算管理的事业单位，应出具政府人事部门或编制委员会的批文或登记证书。

（4）军队、武警团级（含）以上单位以及分散执勤的支（分）队，应出具军队军级以上单位财务部门、武警总队财务部门的开户证明。

（5）社会团体，应出具社会团体登记证书，宗教组织还应出具宗教事务管理部门的批文或证明。

（6）民办非企业组织，应出具民办非企业登记证书。

（7）外地常设机构，应出具其驻在地政府主管部门的批文。

（8）外国驻华机构，应出具国家有关主管部门的批文或证明；外资企业驻华代表处、办事处应出具国家登记机关颁发的登记证。

（9）个体工商户，应出具个体工商户营业执照正本。

（10）居民委员会、村民委员会、社区委员会，应出具其主管部门的批文或证明。

（11）独立核算的附属机构，应出具其主管部门的基本存款账户开户许可证和批文。

（12）其他组织，应出具政府主管部门的批文或证明。

（二）一般存款账户的开立

1. 一般存款账户是存款人因借款或其他结算需要，在基本存款账户开户银行以外的银行营业机构开立的银行结算账户。一般存款账户用于办理存款人借款转存、借款归还和其他结算的资金收付。主要特征有：该账户可以办理现金缴存，但不得办理现金支取。该账户开立数量没有限制。开立基本存款账户的存款人都可以开立一般存款账户但不能在同一营业机构开立。

2. 一般存款账户开立的程序及所需证明文件。一般存款账户的开立比较简单，只要开户行审查符合开立条件的，银行即办理开户手续并向中国人民银行当地分支行备案即可。其开户程序如图 3－4 所示。

图 3－4　一般存款账户开立的程序

存款人申请开立一般存款账户，应向开户银行出具其基本存款账户所规定的证明文件、基本存款账户开户许可证和下列文件：

（1）存款人因向银行借款需要，应出具借款合同；

（2）存款人因其他结算需要，应出具有关证明。

（三）专用存款账户的开立

1. 专用存款账户是存款人按照法律、行政法规和规章，对其特定用途资金进行专项管理和使用而开立的银行结算账户。该账户用于办理各项专用资金的收付，开立专用存款账户的目的是保证特定用途的资金专款专用，并有利于监督管理。

2. 专用存款账户开立的程序及所需证明文件。该核准程序与基本存款账户的核准程序基本相同。存款人申请开立专用存款账户时，应填制开户申请书，提供规定的证明文件；银行应对存款人的开户申请书填写的事项和证明文件的真实性、完整性、合规性进行认真审查；如果专用存款账户属于预算单位专用存款账户的，银行应将存款人的开户申请书、相关的证明文件和银行审核意见等开户资料报送中国人民银行当地分支行，经其对申报资料进行合规性审查，并核准后办理开户手续；如果属于预算单位专用存款账户之外的其他专用存款账户的，银行应办理开户手续，并于开户之日起5个工作日内向中国人民银行当地分支行备案。

存款人申请开立专用存款账户，应向中国人民银行出具其开立基本存款账户规定的证明文件、基本存款账户开户许可证和下列证明文件：

（1）基本建设资金、更新改造资金、政策性房地产开发资金，应出具主管部门批文。

（2）财政预算外资金，应出具财政部门的证明。

（3）粮、棉、油收购资金，应出具主管部门批文。

（4）单位银行卡备用金，应按照中国人民银行批准的银行卡章程的规定出具有关证明和资料。

（5）证券交易结算资金，应出具证券公司或证券管理部门的证明。

（6）期货交易保证金，应出具期货公司或期货管理部门的证明。

（7）金融机构存放同业资金，应出具其证明。

（8）收入汇缴资金和业务支出资金，应出具基本存款账户存款人有关的证明。

（9）党、团、工会设在单位的组织机构经费，应出具该单位或有关部门的批文或证明。

（10）其他按规定需要专项管理和使用的资金，应出具有关法规、规章或政府部门的有关文件。

（11）合格境外机构投资者在境内从事证券投资开立的人民币特殊账户和人民币结算资金账户纳入专用存款账户管理，其开立人民币特殊账户时应出具国家外汇管理部门的批复文件，开立人民币结算资金账户时应出具证券管理部门证券投资业务的许可证。

3. 专用存款账户的当事人资格条件。（1）基本建设资金；（2）更新改造资金；（3）财政预算外资金；（4）粮、棉、油收购资金；（5）证券交易结算资金；（6）期货交易保证金；（7）信托基金；（8）金融机构存放同业资金；（9）政策性房地产开发资金；（10）单位银行卡备用金；（11）党、团、工会设在单位的组织机构经费；（12）社会保障基金；（13）住房基金；（14）其他需要专项管理和使用的资金；（15）收入汇缴资金和业务支出资金。

上述收入汇缴资金和业务支出资金，是指基本存款账户存款人附属的非独立核算单位或派出机构发生的收入和支出的资金。

因收入汇缴资金和业务支出资金开立的专用存款账户，应使用隶属单位的名称。

（四）临时存款账户的开立

1. 临时存款账户是存款人因临时经营活动的需要在规定期限内使用而开立的银行结算账户，该账户可办理转账结算和资金收付。该账户有效期最长不超过2年。

有下列情况的，存款人可以申请开立临时存款账户：（1）设立临时机构；（2）异地临时经营活动；（3）注册验资。

2. 临时存款账户开立的程序及所需证明文件。该核准程序与基本存款账户的核准程序基本相同。填制开户申请书，提供规定的证明文件；银行应对存款人的开户申请书填写的事项和证明文件的真实性、完整性、合规性进行认真审查；银行应将存款人的开户申请书、相关的证明文件和银行审核意见等开户资料报送中国人民银行当地分支行，经对申报资料进行合规性审查，并核准后办理开户手续。

存款人申请开立临时存款账户，应向银行出具下列证明文件：

（1）临时机构，应出具其驻在地主管部门同意设立临时机构的批文。

（2）异地建筑施工及安装单位，应出具其营业执照正本或其隶属单位的营业执照正本，以及施工及安装地建设主管部门核发的许可证或建筑施工及安装合同。

（3）异地从事临时经营活动的单位，应出具其营业执照正本以及临时经营地工商行政管理部门的批文。

（4）注册验资资金，应出具工商行政管理部门核发的企业名称预先核准通知书或有关部门的批文。

四、银行存款账户的变更

所谓更户，是指存款人因开户单位的名称、法人或主要负责人、单位地址及其他开户资料等发生改变时，需要到开户行进行银行结算账户和变更相关事项的行为。单位在办理变更时，应该填写“变更单位银行结算申请书”如表3－1，提供相关资料并向中国人民银行提出变更手续报告。具体程序如表3－2、图3－5所示。

撤销是指存款人因开户资格或其他原因终止银行结算账户使用的行为，存款人申请撤销银行结算账户时，应填写“撤销银行结算账户申请书”如表3－3所示。存款人撤销银行结算账户，必须与开户银行核对银行结算账户存款余额，交回各种重要空白票据及结算凭证和开户许可证，银行核对无误后方可办理销户手续。单位发生以下情形的，存款人应向开户银行提出撤销申请：

表 3－1　　变更单位银行结算申请书

<table>
<tr><td rowspan="3">上级法人或主管单位</td><td>名称</td><td colspan="5"></td></tr>
<tr><td>基本存款账户核准号</td><td colspan="5"></td></tr>
<tr><td>法定代表人单位负责人</td><td></td><td>证件种类</td><td></td><td>证件号码</td><td></td></tr>
<tr><td colspan="7">其他变更事项及内容</td></tr>
<tr><td colspan="3">本存款人申请变更上述单位银行结算账户内容，承诺变更资料及全部信息真实、完整、有效，确认上述信息准备无误。
法定代表人或负责人（签章）
存款人（公章）
经办人（签字）
年　月　日</td><td colspan="2">开户银行审核意见：
审查人（签章）
核查人（签章）
银行（签章）
年　月　日</td><td colspan="2">人民银行审核意见：
（非核准类账户除外）
经办人（签章）
人民银行（签章）
年　月　日</td></tr>
</table>

表 3－2　　变更单位银行账户申请书

<table>
<tr><td>账户名称</td><td colspan="6"></td></tr>
<tr><td>开户银行代码</td><td colspan="3"></td><td>账号</td><td colspan="2"></td></tr>
<tr><td>账户性质</td><td colspan="6">基本□　一般□　专用□　临时□（验资□　非验资□）　其他：</td></tr>
<tr><td>开户许可证核准号</td><td colspan="3"></td><td>机构信用代码</td><td colspan="2"></td></tr>
<tr><td colspan="7">基本信息变更事项及变更后内容如下：</td></tr>
<tr><td>账户名称</td><td colspan="6"></td></tr>
<tr><td>注册地址</td><td colspan="4"></td><td>邮政编码</td><td></td></tr>
<tr><td>通信地址</td><td colspan="4"></td><td>邮政编码</td><td></td></tr>
<tr><td>证明文件种类</td><td></td><td>证明文件编号</td><td colspan="2"></td><td>注册资金币种金额</td><td></td></tr>
<tr><td>经营范围</td><td colspan="6"></td></tr>
<tr><td>税务登记证编号</td><td colspan="3"></td><td>对账方式</td><td colspan="2">柜台□ 邮寄□ 网银□</td></tr>
<tr><td rowspan="2">法定代表人□
单位负责人□</td><td>姓名</td><td></td><td>证件种类</td><td></td><td>固定电话</td><td></td></tr>
<tr><td>证件号码</td><td colspan="3"></td><td>手机</td><td></td></tr>
<tr><td rowspan="2">财务联系人 1</td><td>姓名</td><td></td><td>证件种类</td><td></td><td>固定电话</td><td></td></tr>
<tr><td>证件号码</td><td colspan="3"></td><td>手机</td><td></td></tr>
<tr><td rowspan="2">财务联系人 2</td><td>姓名</td><td></td><td>证件种类</td><td></td><td>固定电话</td><td></td></tr>
<tr><td>证件号码</td><td colspan="3"></td><td>手机</td><td></td></tr>
<tr><td rowspan="2">控股股东□
实际控制人□</td><td>名称</td><td colspan="5"></td></tr>
<tr><td>证明文件种类</td><td colspan="2"></td><td>证明文件编号</td><td colspan="2"></td></tr>
<tr><td>关联企业</td><td colspan="6">变更后的关联企业信息填列在“关联企业登记表”中。</td></tr>
</table>

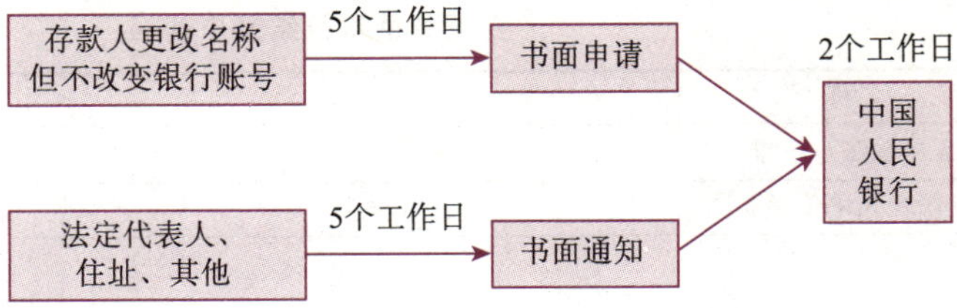

图 3-5　银行账户变更程序

1. 被撤并、解散、宣告破产或关闭的；
2. 注销、被吊销营业执照的；
3. 因迁址需要变更开户银行的；
4. 其他原因需要撤销银行结算账户的。

表 3-3

中旅银行 CTS BANK OF CTS.JZ　　**撤销银行结算账户申请书**

账户名称			
开户银行名称			
开户银行代码	313313313	账号	7210201090000019654
账户性质	基本（ √ ）专用（ √ ）一般（ √ ）临时（ √ ）个人（ √ ）		
开户许可证核准号	J12345678		
销户原因	单位撤销		
本存款人申请撤销上述银行账户，承诺所提供的证明文件真实、有效。		开户银行审核意见：	

知识扩展

关于核准制与备案制的区别？

通俗点儿说，核准制就是需要经过审核和批准；备案制就是只要做登记和备案即可，无需批准。

1. 央行核准制：

（1）基本存款账户；

（2）临时存款账户（因注册验资和增资验资开立的除外）；

（3）预算单位专用存款账户；

（4）合格境外机构投资者在境内从事证券投资开立的人民币特殊账户和人民币结算资金账户（简称 QFII 专用存款账户）。

2. 备案制：

（1）一般存款账户；

（2）个人银行结算账户；

（3）其他专用存款账户。

职业能力训练

二维码 3.1
银行在银行结算账户的开立、使用、变更或撤销中应承担哪些责任和义务？

一、单项选择题

1. 单位银行结算账户的存款人只能在银行开立一个（　　）。

A. 基本存款账户　　B. 一般存款账户

C. 专用存款账户　　D. 临时存款账户

2.（　　）是存款人因办理日常转账结算和现金收付需要开立的银行结算账户。

A. 基本存款账户　　B. 一般存款账户

C. 专用存款账户　　D. 临时存款账户

3. 以下哪种存款人类别的单位可不用出具税务登记证（　　）。

A. 企业法人　　B. 非企业法人

C. 宗教组织　　D. 有字号的个体工商户

4.（　　）负责监督、检查银行结算账户的开立和使用，对存款人、银行违反银行额计算账户管理规定应予以处罚。

A. 财政部　　B. 银行监督管理委员会

C. 银行业协会　　D. 中国人民银行

5. 国字头社团、协会开立人民币银行结算账户，存款人类别是（　　）。

A. 机关　　B. 实行预算管理的事业单位

C. 社会团体　　D. 其他组织

二、多项选择题

1. 以下哪些机构能够开立单位设立的独立核算的附属机构（　　）。

A. 招待所　　B. 工会

C. 食堂　　D. 幼儿园

2. 申请书和人行系统应当填写上级法人或主管单位的相关信息包括：（　　）。

A. 单位名称
B. 基本存款账户开户许可证核准号
C. 组织机构代码
D. 法定代表人或单位负责人的姓名、有效身份证件种类和证件号码

3. 存款人填写变更信息以下哪些（　　）是不允许变更事项。

A. 存款人名称　　B. 注册地地区代码
C. 账号　　D. 账户名称

4. 存款单位出具的遗失证明，应写明的内容包括（　　）。

A. 遗失原因
B. 遗失资料种类
C. 申请补（换）发开户许可证
D. “由此引发的一切经济、法律责任由我单位自负”字样

5. 开户银行收到存款人提交变更申请及开户资料，对变更申请资料的（　　）进行审查。

A. 真实性　　B. 完整性
C. 合理性　　D. 有效性

三、判断题

1. 申请开立基本存款账户、一般存款账户和临时存款账户无需填写资金性质。（　　）
2. 基本存款账户、一般存款账户的账户名称应与存款人名称完全一致。（　　）
3. 工会开立基本账户时不用填写上级信息。（　　）
4. 申请书开户日期应由开户银行填写。（　　）
5. 基本存款账户与一般存款账户可以开在同一支行网点。（　　）

任务二　办理支票结算业务

任务导入

丁海接手工作后不断学习新知识，每一天都有新的业务需要学习。公司购买办公用品需要签发转账支票，购买材料办理银行汇票的结算等，丁海只有边请教边工作，才很不轻松地完成了工作。

知识准备

一、支票结算的概念及适用范围

支票是出票人签发的、委托办理支票存款业务的银行或其他金融机构在见票时无条件支付确定金额给收款人或者持票人的票据。

支票的结算适用于单位、个体经济户和个人在同一票据交换区域的商品交换、劳务供应及款项的结算。同时支票结算具有灵活、便捷、快速、安全等优点，所以同城收付款多采用此方法。

> **小贴士：**
> 票据，是指体现一定财产权力的有价证券，包括银行汇票、银行本票、商业汇票、支票。

二、支票的种类

支票分为现金支票、转账支票、普通支票和划线支票。

1. 现金支票。支票上印有“现金”字样，现金支票只用于支取现金。现金支票格式如表 3－4 所示。

表 3－4　　现金支票

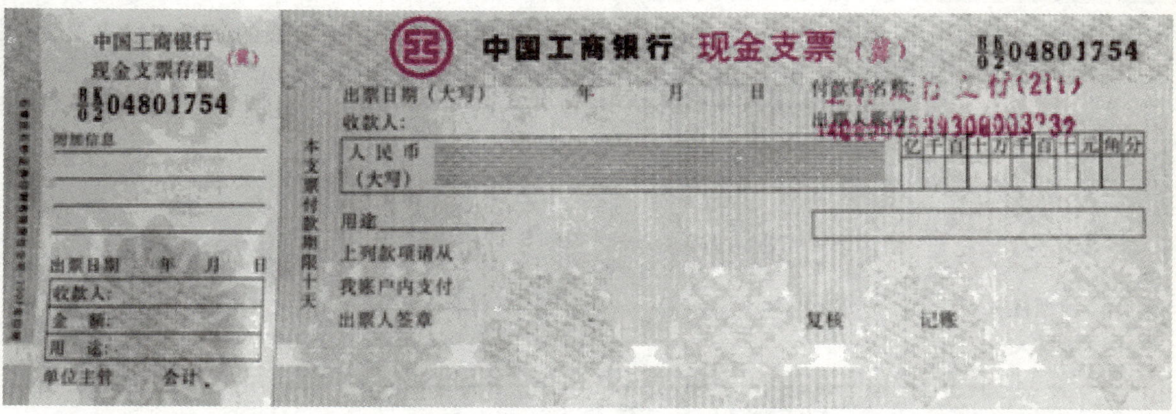
中国工商银行
现金支票存根 (冀)
BK 02 04801754
附加信息
出票日期　年　月　日
收款人:
金　额:
用　途:
单位主管　会计

中国工商银行　现金支票 (冀)　BK 02 04801754
出票日期（大写）　年　月　日　付款行名称:
收款人:　出票人账号:
本支票付款期限十天
人民币（大写）　亿 千 百 十 万 千 百 十 元 角 分
用途
上列款项请从
我账户内支付
出票人签章　复核　记账

2. 转账支票。支票上印有“转账”字样，转账支票只用于转账，不能支取现金。转账支票格式如表 3－5 所示。

表 3－5　　转账支票

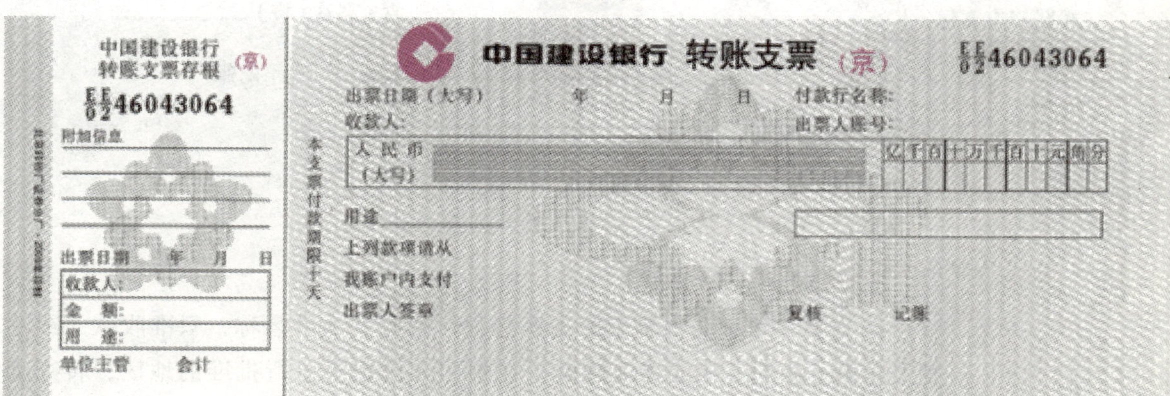
中国建设银行
转账支票存根 (京)
EE 02 46043064
附加信息
出票日期　年　月　日
收款人:
金　额:
用　途:
单位主管　会计

中国建设银行　转账支票 (京)　EE 02 46043064
出票日期（大写）　年　月　日　付款行名称:
收款人:　出票人账号:
本支票付款期限十天
人民币（大写）　亿 千 百 十 万 千 百 十 元 角 分
用途
上列款项请从
我账户内支付
出票人签章　复核　记账

3. 普通支票。支票上既没有印有“转账”字样也没有印“现金”字样。所以普通支票既可以用于转账也可以用于支取现金。普通支票格式如表 3 - 6 所示。

表 3 - 6　　普通支票

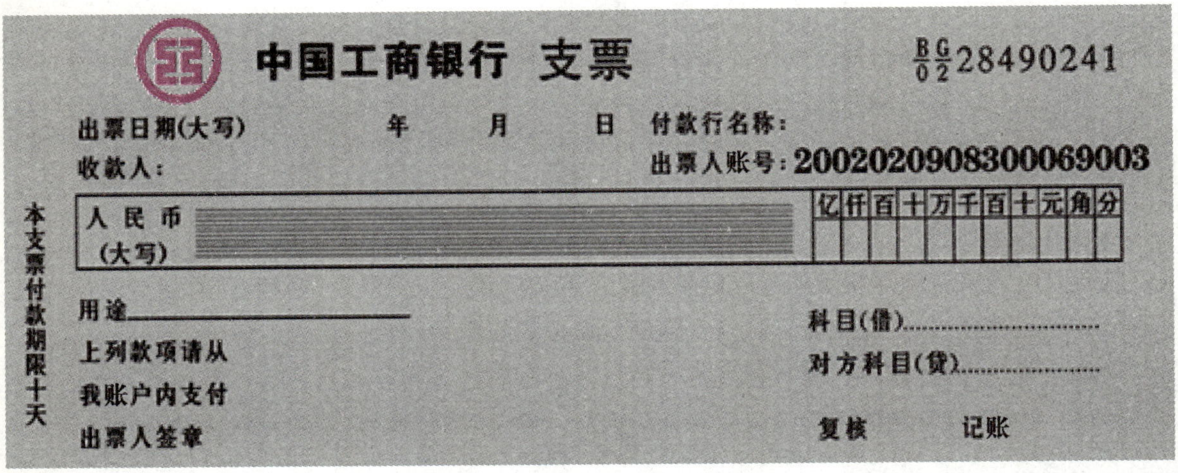

中国工商银行 支票　　BG/02 28490241

出票日期(大写)　年　月　日　付款行名称：

收款人：　出票人账号：20020209083000069003

本支票付款期限十天

人民币（大写）	亿	仟	百	十	万	千	百	十	元	角	分

用途______

上列款项请从

我账户内支付

出票人签章

科目(借)……

对方科目(贷)……

复核　记账

4. 划线支票。在普通支票的左上角划了两条平行线的，为划线支票，划线支票只能用于转账，不可支取现金。划线支票格式如表 3 - 7 所示。

表 3 - 7　　划线支票

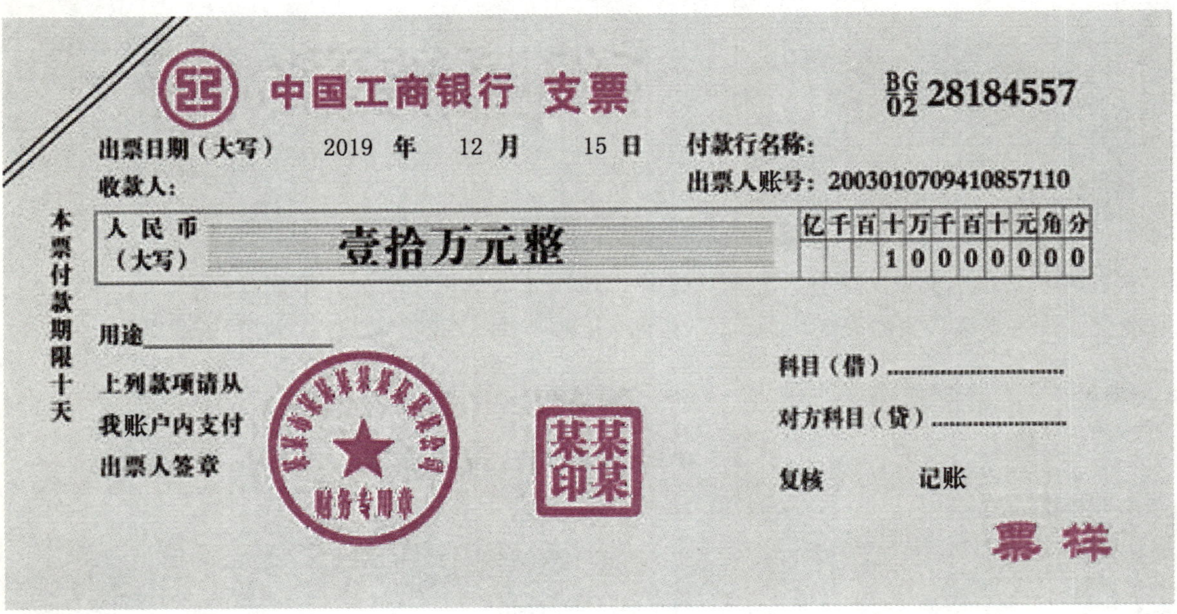

中国工商银行 支票　　BG/02 28184557

出票日期（大写） 2019 年 12 月 15 日　付款行名称：

收款人：　出票人账号：2003010709410857110

本票付款期限十天

人民币（大写）	亿	千	百	十	万	千	百	十	元	角	分
壹拾万元整				1	0	0	0	0	0	0	0

用途______

上列款项请从

我账户内支付

出票人签章

财务专用章

某某印某

科目（借）……

对方科目（贷）……

复核　记账

票样

三、支票结算的基本规定

1. 支票一律记名。签发的支票必须注明收款人的名称，只准收款人或签发人向银行办理转账或提取现金。在中国人民银行总行批准的地区，转账支票可以背书转让。

2. 支票的有效期为10天。有效期从签发的次日算起10日内，到期日如遇到节假日可顺延。超过提示付款期限的，付款人可以不予付款。

3. 支票的起点金额为100元。起点以下的款项结算一般不用支票。但缴纳公用事业费、基本养老金和住房公积金等可不受金额起点的限制。

4. 签发支票应使用墨汁、碳素墨水或蓝黑墨水笔填写。

5. 签发人必须在银行账户余额内按照规定向收款人签发支票。不准签发空头支票或印章与预留银行印鉴不符的支票，否则，银行除退票外还要按票面金额处以5%但不低于1 000元的罚款，另收2%的赔偿金给收款人。

6. 已签发的现金支票遗失，可以向银行申请挂失。挂失前已经支付的，银行不予受理。已签发的转账支票遗失，银行不受理挂失，可请求收款人协助防范。

四、支票结算的基本程序

（一）现金支票结算的基本程序

1. 开户单位用现金支票提取现金时，由单位出纳人员签发现金支票并加盖银行预留印鉴并填写“支票领用登记簿”（如表3－8所示）后交收款人到开户银行提取现金；开户单位用现金支票向外单位或个人支付现金时，由付款单位出纳人员签发现金支票并加盖银行预留印鉴和注明收款人后交收款人。

2. 收款人持现金支票到付款单位开户银行提取现金，并按照银行的要求交验有关证件。经银行审核无误后，可支付现金。

现金支票结算基本程序如图3－6所示。

图3－6　现金支票结算基本程序

转账支票结算的基本程序：

1. 由付款方交收款人直接办理结算，其结算程序为：

（1）付款人签发转账支票交收款人；

（2）收款人持票并填进账单（一式三联）送开户行办理入账；

（3）银行间办理划拨；

（4）收款人开户银行下收款通知。

收款人直接办理结算基本程序如图3－7所示。

表 3－8

支票领用登记簿

支票类别：　　　　　　　　　　　　年　　月　　　银行账号：

日期		支票号码	支票用途	预计金额												领用人	报销日期		退票日期		备注
月	日			十	亿	千	百	十	万	千	百	十	元	角	分		月	日	月	日	

会计主管：　　　　　　　　　　　会计：　　　　　　　　　出纳：

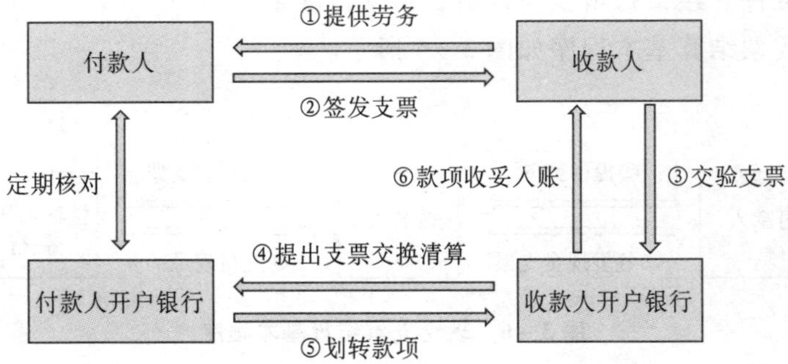

图 3－7　收款人直接办理结算基本程序

2. 由付款方签发，委托本开户银行办理结算，其结算程序为：

（1）签发转账支票并填进账单（一式三联）办理转账；

（2）银行间办理划拨；

（3）收、付款开户银行之间划拨款项。付款人以银行退回“回单”联为付款凭证，收款人以银行转加的“收账通知”联为收款依据。

付款方委托本开户银行办理结算基本程序如图 3－8 所示。

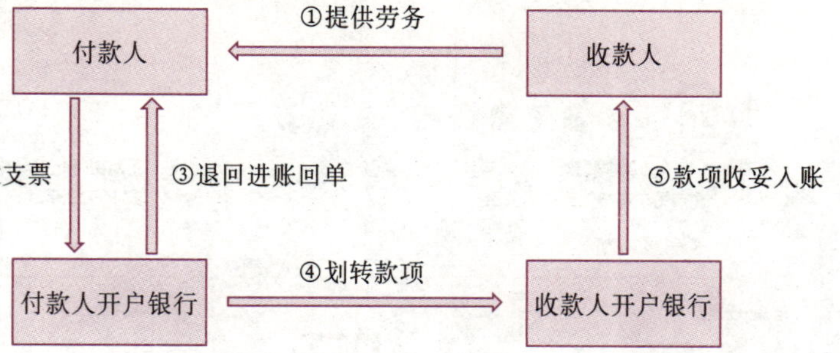

图 3－8　付款方委托本开户银行办理结算基本程序

3. 现金支票和转账支票的背书转让。转账支票在同一票据交换区内可以背书转让，即由收款人在支票背面签章并记载背书日期，将支票款项转让给另一个收款人，即被背书人。背书未记载日期的，视为在支票到期日前背书。背书不得附有条件。支票的金额、收款人名称，可以由出票人授权补记，未补记前不得背书转让。

二维码 3.2
关于票据责任

任务实施

小贴士：

现金支票只可用于支取现金，转账支票只可用于转账，不可支取现金。

任务实施一　2019 年 3 月 1 日，北京辰新商贸公司向北京恒宇科技信息有限公司购进鼠标一批，价款 2 500 元，增值税率 16%，签发转账支票办理。由办公室人员经办，并发放给各职能部门。

实施步骤：

第一步：出纳审核购物发票，填写转账支票并加盖法人章（见表 3－9、表 3－10）。

表 3－9

235548792

北京增值税专用发票　　N010100248976

（印章：全国统一发票监制章　国家税务总局监制）

发票联

开票日期：2019年3月1日

购买方	名　　称：北京市辰新商贸有限公司 纳税人识别号：11230316MA7HDQ540L 地址、电话：北京市海淀区马神庙231号 010—68538042 开户行及账号：工商银行北京马神庙支行 23456798731	密码区	67/*+3*0/611*++0/+0*/*+3+2/9 *11*+66666**066611*+66666* 1**+216***6000*261*2*4/*547 203994+-42*64151*6915361/3*

货物或应税劳务、服务名称	规格型号	单位	数量	单价	金额	税率	税额
鼠标		个	100	25.00	2 500.00	16%	400.00
合　计					¥ 2 500.00		¥ 400.00
价税合计（大写）	贰仟玖佰元整				（小写）　¥ 2 900.00		

销售方	名　　称：北京恒宇科技信息有限公司 纳税人识别号：10221579435588HT97KO 地址、电话：北京市南方路475号 开户行及账号：工商银行北京南方支行 5447951425889	备注	（印章：北京恒宇科技有限公司 5103027581888875 发票专用章）

收款人：李大江　　复核：王涛　　开票人：张成　　销售方：（章）

国税函（2014）257 号浙江印钞厂

第三联：发票联　购买方记账凭证

表 3-10

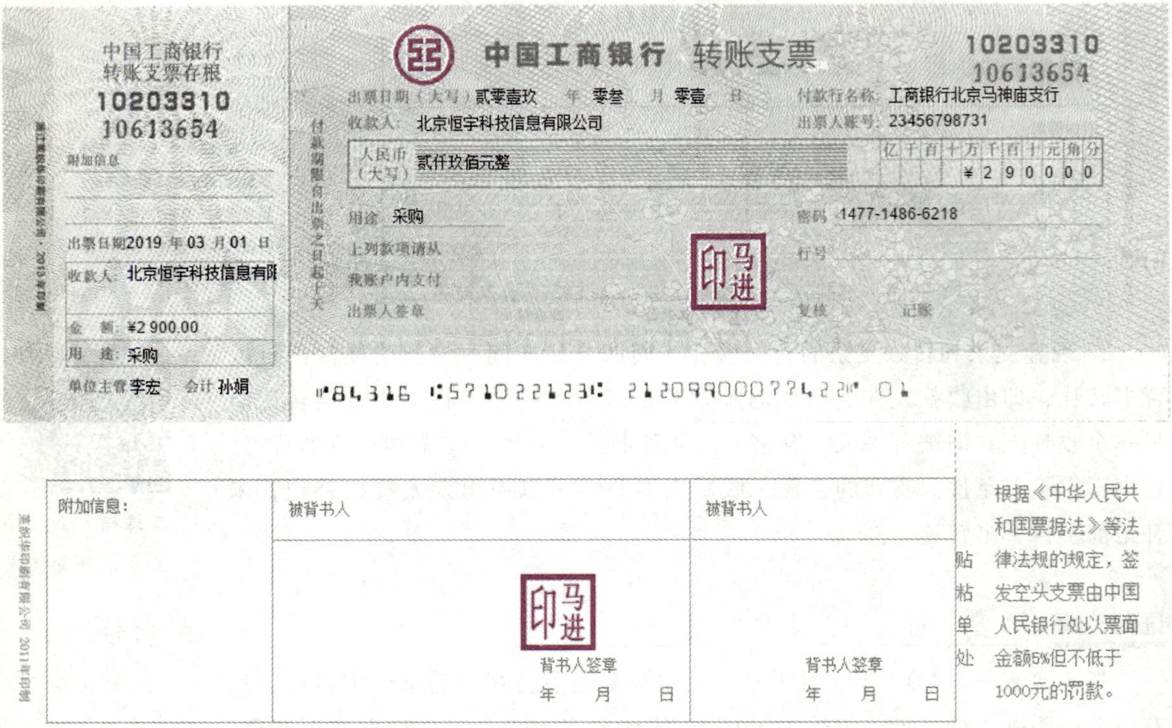
中国工商银行 转账支票存根
10203310
10613654
附加信息
出票日期2019 年 03 月 01 日
收款人：北京恒宇科技信息有限
金 额：¥2 900.00
用 途：采购
单位主管 李宏 会计 孙娟

中国工商银行 转账支票 10203310 10613654
出票日期（大写）贰零壹玖 年 零叁 月 零壹 日 付款行名称：工商银行北京马神庙支行
收款人：北京恒宇科技信息有限公司 出票人账号：23456798731
人民币（大写）贰仟玖佰元整 ¥290000
用途 采购 密码 1477-1486-6218
上列款项请从 行号
我账户内支付
出票人签章 马进印 复核 记账
付款期限自出票之日起十天

附加信息： 被背书人 被背书人
马进印 背书人签章 年 月 日 背书人签章 年 月 日
粘贴单处
根据《中华人民共和国票据法》等法律法规的规定，签发空头支票由中国人民银行处以票面金额5%但不低于1000元的罚款。

第二步：会计审核无误，编制记账凭证，交会计主管审核（见表 3-11）。交出纳登记日记账。

借：库存商品（采购成本金额，依据发票） 2 500

应交税费——应交增值税（进项税额）（可抵扣增值税额） 400

贷：银行存款（实际支付额，转账支票存根） 2 900

表 3-11

付 款 凭 证

2019 年 03 月 01 日 付字 01 号

摘要	总账科目	明细科目	√	借方余额	贷方余额
购买鼠标	库存商品	鼠标		250000	
	应交税费	应交增值税（进项税额）		40000	
	银行存款	工行账户			290000
合计				¥290000	¥290000

（附件 3 张）

会计主管 李宏 记账 周云 出纳 周云 稽核 李宏 填制 孙娟

任务拓展

2019 年 12 月 1 日，丁海向银行提取备用金 3 000 元，请填写现金支票（见表 3－12）。

表 3－12

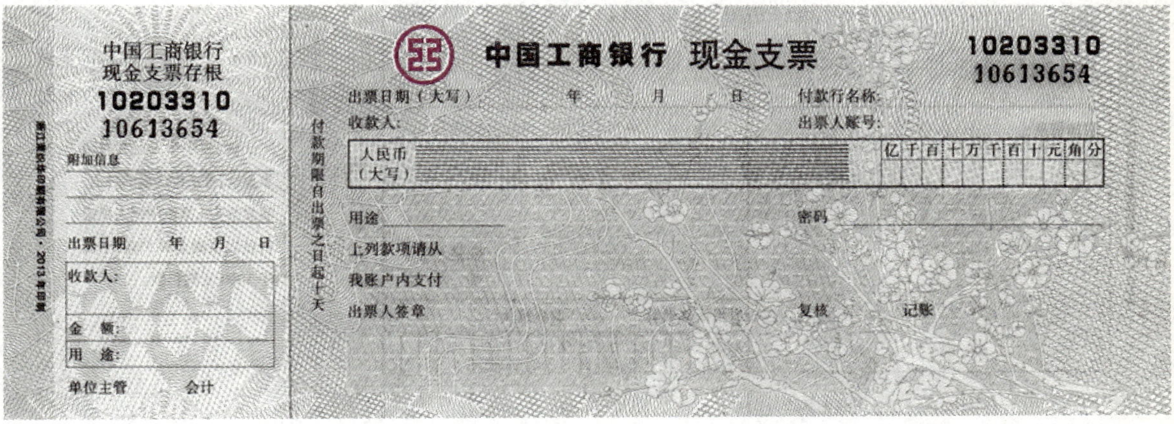

中国工商银行
现金支票存根
10203310
10613654
附加信息
出票日期　年　月　日
收款人：
金　额：
用　途：
单位主管　会计

付款期限自出票之日起十天

中国工商银行　现金支票　10203310 10613654
出票日期（大写）　年　月　日　付款行名称：
收款人：　出票人账号：
人民币（大写）　亿 千 百 十 万 千 百 十 元 角 分
用途　密码
上列款项请从
我账户内支付
出票人签章　复核　记账

职业能力训练

一、单项选择题

1. 金额和收款人名称可以由出票人补记的票据是（　　）。

A. 支票　　B. 银行本票

C. 银行汇票　　D. 商业汇票

2. 支票的提示付款期限自出票日起（　　）。

A. 5 日　　B. 10 日

C. 15 日　　D. 1 个月

3. 2019 年 2 月 25 日签发的支票应于（　　）前向付款人提示付款。

A. 2019 年 3 月 6 日　　B. 2019 年 3 月 7 日

C. 2019 年 3 月 8 日　　D. 2019 年 3 月 9 日

4. 银行审核支票付款的依据是支票出票人的（　　）。

A. 支付密码　　B. 身份证

C. 支票存根　　D. 预留银行签章

5. 因出票人账户不足支付，而将不足支付的款项转入出票人逾期贷款户的票据是（　　）。

A. 支票　　B. 银行本票

C. 商业承兑汇票　　D. 银行承兑汇票

二、多项选择题

1. 支付结算原则包括（　　）。

A. 谁的钱进谁的账，由谁支配　　B. 银行不予垫款
C. 遵守结算纪律　　D. 恪守信用、履约付款
2. 支付结算业务可分为（　　）。
A. 现金业务　　B. 信用卡业务
C. 票据业务　　D. 结算凭证业务
3. 可用于转账的支票有（　　）。
A. 现金支票　　B. 转账支票
C. 普通支票　　D. 划线支票
4. 下列有关支票的表述中，错误的有（　　）。
A. 支票是有价证券
B. 支票的基本当事人不包括付款人
C. 支票可以透支
D. 划线支票可以用于支取现金，也可用于转账
5. 可以背书转让的票据有（　　）。
A. 支票　　B. 银行本票
C. 银行汇票　　D. 商业汇票

三、判断题

1. 支付结算工作的任务是根据经济往来组织支付结算，按照有关法律、行政法规和支付结算办法的规定办理支付结算，保障支付结算活动的正常进行。（　　）
2. 银行是支付结算和资金清算的中介机构。（　　）
3. 银行对签发的空头支票应予以退票，并按票面金额处以5%的罚款。（　　）
4. 填明“现金”字样的银行本票不得背书转让。（　　）

任务三　办理银行本票结算业务

任务导入

丁海接手的第一笔业务是将收到的银行收款通知的账款进行一一核对，之后转给制单会计。丁海应该如何做出业务的分录呢？

知识准备

一、银行本票结算的概念及适用范围

银行本票是指由银行签发的，承诺在见票时无条件支付确定金额给收款

人或者是持票人的票据。

银行本票具有见票即付、信誉度高、支付能力强的特点。

银行本票的结算适用于单位、个人在同城范围内或是同一票据交换区域内的商品交换、劳务供应以及其他款项的结算。银行本票可以用于转账，注明“现金”字样的银行本票可以用于支取现金。银行本票如图 3－9 所示。

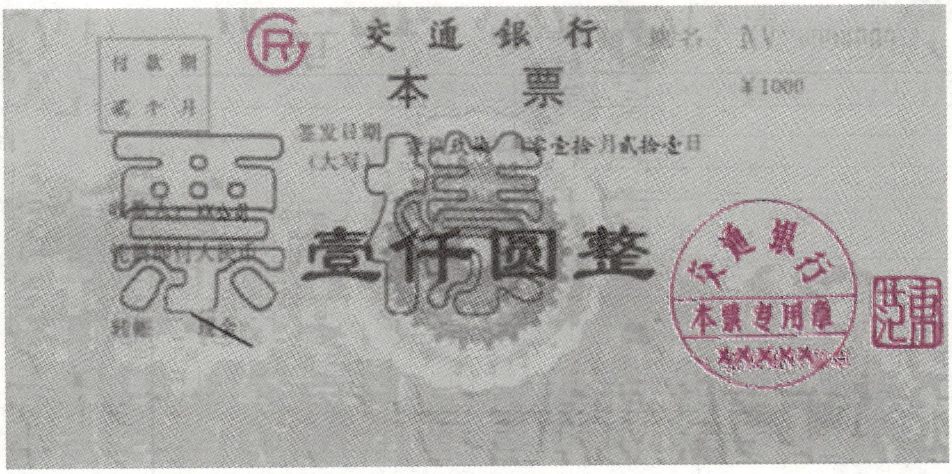

图 3－9　银行本票

二、银行本票结算的基本规定

1. 银行本票一律记名，允许背书转让，但是填有现金字样的本票不能背书转让。

2. 银行本票的付款期自出票日起最长不超过两个月（不分大月小月，统按次月对日计算，到期日遇节假日顺延）。逾期的银行本票，兑付银行不予受理，但可以在签发银行办理退款。

3. 银行本票的金额起点。不定额银行本票的金额起点为 100 元，定额银行本票面额为 1 000 元、5 000 元、10 000 元、50 000 元。

4. 银行本票见票即付，不予挂失。本票的出票人在持票人提示付款时，必须承担付款责任；遗失的不定额银行本票在付款期满后一个月确未被冒领的，可以办理退款手续。

5. 不允许签发远期本票。

三、银行本票结算的基本程序

1. 申请人办理银行本票，应向银行填写“银行本票申请书”（如表 3－13 所示）。

2. 银行受理“银行本票申请书”，向申请人据以签发银行本票。

3. 申请人（付款人）持银行本票办理款项结算。

4. 收款人持银行本票、进账单到开户行办理收款，银行盖章退回进账单回单联给收款人。

5. 收、付款双方开户银行之间划拨款项。

银行本票结算程序如图 3－10 所示。

表 3－13

中国建设银行 China Construction Bank

银行汇(本)票申请书

币别：　　　　年　月　日　　　　流水号：

业务类型	□银行汇票　□银行本票	付款方式	□转账　□现金
申请人		收款人	
账号		账号	
用途		代理付款行	
余额	（大写）		亿 千 百 十 万 千 百 十 元 角 分
客户签章			

第一联 银行记账凭证

会计主管　　授权　　复核　　录入

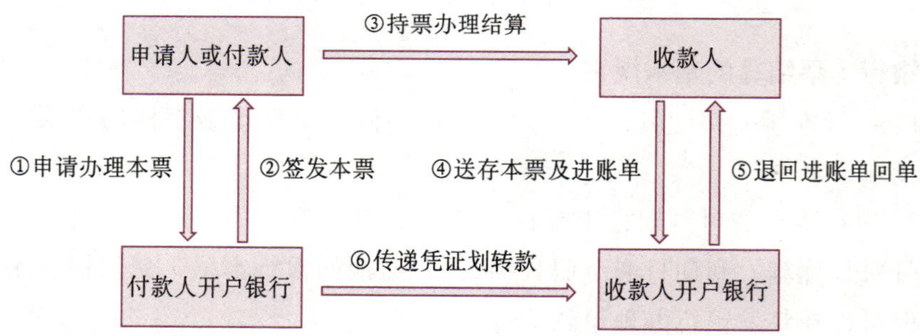

图 3－10　银行本票结算程序

四、银行本票的背书转让与退款

1. 银行本票的背书转让。银行本票是银行签发的，承诺自己在见票时无条件支付确定的金额给收款人或者持票人的票据。按照规定，银行本票一律记名，允许背书转让。

银行本票的持有人转让本票，应在本票背面“背书”栏内背书，加盖本单位预留银行印鉴，注明背书日期，在“被背书人”栏内填写受票单位名称，之后将银行本票直接交给被背书单位，同时向被背书单位交验有关证件，以便被背书单位查验。被背书单位对收受的银行本票应认真进行审查，其审查内容与收款单位审查内容相同。按照规定，银行本票的背书必须连续，也就是说银行本票上的任意一个被背书人就是紧随其后的背书人，并连续不断。如果本票的签发人在本票的正面注有“不准转让”字样，则该本票不得背书转让；背书人也可以在背书时注明“不准转让”，以禁止本票背书转让后再转让。

2. 银行本票退款的处理。银行本票见票即付，其流动性极强，银行不予挂失。一旦遗失或被窃，被人冒领款项，后果由银行本票持有人自负。所以银行本票持有人必须像对待现金那样，认真、妥善保管银行本票，防止遗失或被窃。按照规定，超过付款期限的银行本票应同时具备下列两个条件方可以办理退款：

（1）该银行本票由签发银行签发后未曾背书转让；

（2）持票人为银行本票的收款单位。

付款单位办理退款手续时，应填制一式两联进账单连同银行本票一并送交签发银行，签发银行审查同意后在第一联进账单上加盖“转讫”章退给付款单位作为收账通知。

知识扩展

1. 银行本票可以用于转账；对个人而言，注明“现金”字样的，可支取现金。

2. 银行本票的提示付款期，自出票日起最长不得超过2个月，在付款期内银行本票见票即付。

3. 银行本票分定额本票和不定额本票，定额本票面值分别为1 000元、5 000元、10 000元和50 000元；在票面画去转账字样的，为现金本票，现金本票只能用于支取现金。

4. 银行本票一律记名、不挂失，可以背书转让，但填明“现金”字样的银行本票不得背书转让。

与其他银行结算方式相比之下的优势：

1. 使用方便。我国现行的银行本票使用方便灵活。单位、个体经济户和个人不管其是否在银行开户，他们之间在同城范围内的所有商品交易、劳务供应以及其他款项的结算都可以使用银行本票。收款单位和个人持银行本票可以办理转账结算，也可以支取现金，同样也可以背书转让。银行本票见票即付，结算迅速。

2. 信誉度高，支付能力强。银行本票是由银行签发，并于指定到期日由签发银行无条件支付，因而信誉度很高，一般不存在得不到正常支付的问题。其中定额银行本票由中国人民银行发行，各大国有商业银行代理签发，不存在票款得不到兑付的问题。不定额银行本票由各大国有商业银行签发，由于其资金力量雄厚，因而一般也不存在票款得不到兑付的问题。

任务实施

任务实施一　2019年3月4日，辰新公司向三江电子设备厂购进电子配件一批，单价30.00元，价款90 000元，增值税率16%。出纳到开户银行申请银行本票104 400元。

实施步骤：

第一步：经办人员填写物品采购审批单，交部门领导、会计主管审批。出纳填写“银行本票申请书”，申请银行本票。银行签发银行本票，交由出纳带回第 2 联。

第二步：会计主管审核增值税专用发票及银行本票，如表 3－14、表 3－15 所示。

表 3－14

中国工商银行

付款期限 壹个月

本 票

2　浙江 BH 00000000
杭州 03

出票日期（大写） 贰零壹玖 年 零叁 月 零肆 日

收款人：三江电子设备厂			申请人：北京辰新商贸有限公司
凭票即付	人民币（大写）	壹拾万肆仟肆佰元整	¥ 104 400.00
转账□	现金□		
备注：		印 马进 出票行签章	出纳 周云 复核 经办 黄金

此联出票行结清本票时作借方凭证

注意事项
一、本票在指定的城市范围使用。
二、本票经背书人可以转让。

被背书人	被背书人	被背书人
背书人签章 年 月 日	印 马进 背书人签章 年 月 日	背书人签章 年 月 日

表 3－15

48792156　　北京增值税专用发票　　NO1001548966

发票联

开票日期：2019年3月4日

购买方	名　　称：北京市辰新商贸有限公司 纳税人识别号：11230316MA7HDQ540L 地址、电话：北京市海淀区马神庙231号 010—68538042 开户行及账号：工商银行北京马神庙支行 23456798731			密码区	67/*+3*0/611*++0/+0*/*+3+2/9 *11*+66666**066611*+66666* 1**+216***6000*261*2*4/*547 203994+-42*64151*6915361/3*		
货物或应税劳务、服务名称	规格型号	单位	数量	单价	金额	税率	税额
购买电子配件		个	3 000	30.00	90 000.00	16%	14 400.00
合　计					¥ 90 000.00		¥ 14 400.00
价税合计（大写）	壹拾万肆仟肆佰元整				（小写）¥ 104 400.00		
销售方	名　　称：三江电子设备厂 纳税人识别号：321458792SU65JIQ98 地址、电话：三江市高新区天益中路548号 010-5874126 开户行及账号：工商银行天益路分行101002154886869			备注	三江电子设备厂 33019510133090 发票专用章		

收款人：李夫　　复核：张消音　　开票人：王水　　销售方：（章）

国税函（2014）257号浙江印钞厂

第三联：发票联　购买方记账凭证

第三步：会计填写记账凭证，出纳登记日记账（见表 3－16、表 3－17）。

（1）申请银行本票时：

借：其他货币资金——银行本票（签发的实际金额）　　104 400

　　贷：银行存款（实际支付金额）　　104 400

（2）收到购料时：

借：原材料——电子配件（材料价款）　　90 000

　　应交税费——应交增值税（进项税额）　　14 400

　　贷：其他货币资金——银行本票（实际结算金额）　　104 400

表 3－16

付　款　凭　证

2019 年 03 月 04 日　　　　付字 04 号

摘要	科目		√	借方余额									贷方余额								
	总账科目	明细科目		百	十	万	千	百	十	元	角	分	百	十	万	千	百	十	元	角	分
申请银行本票	其他货币资金	银行本票			1	0	4	4	0	0	0	0									
	银行存款	工行账户												1	0	4	4	0	0	0	0
合计				¥	1	0	4	4	0	0	0	0	¥	1	0	4	4	0	0	0	0

（附件 1 张）

会计主管 李宏　记账 周云　出纳 周云　稽核 李宏　填制 孙娟

表 3－17

转 账 凭 证

2019 年 03 月 04 日　　　　转字 01 号

摘要	科目		√	借方余额									贷方余额								
	总账科目	明细科目		百	十	万	千	百	十	元	角	分	百	十	万	千	百	十	元	角	分
购买电子配件	原材料	电子配件				9	0	0	0	0	0	0									
	应交税费	应交增值税（进项税额）				1	4	4	0	0	0	0									
	其他货币资金	银行本票												1	0	4	4	0	0	0	0
合计				¥	1	0	4	4	0	0	0	0	¥	1	0	4	4	0	0	0	0

（附件 2 张）

会计主管 李宏　记账 周云　出纳 周云　稽核 李宏　填制 孙娟

任务拓展

丁海第一次办理银行本票业务，先从填写“银行本票申请书”开始（见表 3－18）。

表 3－18

中国建设银行 China Construction Bank

银行汇（本）票申请书

币别：　　　　年　月　日　　　　流水号：

业务类型	□银行汇票　□银行本票	付款方式	□转账　□现金
申请人		收款人	
账号		账号	
用途		代理付款行	
余额	（大写）	亿千百十万千百十元角分	
客户签章			

第一联 银行记账凭证

会计主管　　授权　　复核　　录入

职业能力训练

一、单项选择题

1. 下列关于银行本票性质的表述中，不正确的是（　　）。

A. 银行本票的付款人见票时必须无条件付款给持票人

B. 持票人超过提示付款期限不获付款的，可向出票银行请求付款

C. 银行本票不可以背书转让

D. 注明“现金”字样的银行本票可以用于支取现金

2. 在银行开立存款户的持票人向开户银行提示付款时，应在银行本票（　　）处签章。

A. 背书人栏　　B. 被背书人栏

C. 持票人向银行提示付款签章　　D. 附加信息栏

二、多项选择题

1. 下列各项中，属于银行本票绝对记载事项的有（　　）。

A. 出票人签章　　B. 收款人的名称

C. 无条件支付的承诺　　D. 表明“银行本票”的字样

2. 个人持银行本票，需要委托他人向银行提示付款的，（　　）应在银行本票背面“持票人向银行提示付款签章”处签章。

A. 委托人　　B. 被委托人

C. 背书人　　D. 被背书人

任务四　办理银行汇票结算业务

任务导入

辰新商贸有限公司向三江电子设备厂购进电子配件一批，单价 5.00 元，价款 85 000 元，增值税 13 600 元。双方商定采用银行汇票的方式办理结算，丁海到开户银行申请签发银行汇票一张，面额 100 000 元。丁海应该如何办理？

知识准备

一、银行汇票结算的概念及适用范围

银行汇票是指汇款人将款项交存出票银行，由出票银行签发的、见票时按实际结算金额无条件支付给收款人或持票人的票据。

银行汇票适用于单位、个人异地间的商品交易、劳务供应以及债权债务的款项结算。

银行汇票具有票随人到、快速方便、使用灵活、兑现强、余款自动退回等特点。

二、银行汇票的格式

银行汇票一式四联：

第一联为“卡片”，出票行结清汇票时作汇款的借方凭证；

第二联为“汇票”，代理付款行付款后作联行往账借方凭证附件；

第三联为“解讫通知”，代理付款行兑付后随报单寄出票行，由出票行作多余款贷方凭证；

第四联为“多余款通知”，出票行结清多余款后交申请人。

银行汇票正联如表 3－19 所示。

表 3－19

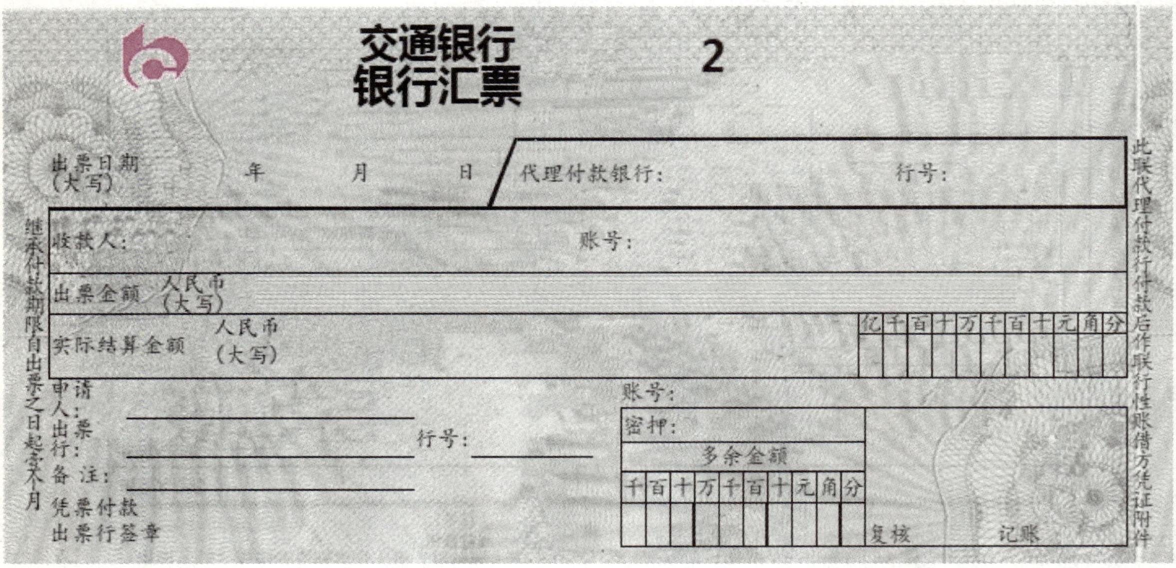

交通银行
银行汇票 2

出票日期（大写） 年 月 日 | 代理付款银行： 行号：

收款人： 账号：

出票金额 人民币（大写）

实际结算金额 人民币（大写） | 亿 千 百 十 万 千 百 十 元 角 分

申请人： 账号：

出票行： 行号：

备 注：

凭票付款 出票行签章

密押：

多余金额：千 百 十 万 千 百 十 元 角 分

复核 记账

继承付款期限自出票之日起壹个月

此联代理付款行付款后作联行往账借方凭证附件

（正面）

被背书人	被背书人
背书人签章 年 月 日	背书人签章 年 月 日
持票人向银行 提示付款签章：	身份证件名称： 发证机关： 号码

粘贴处

（背面）

三、银行汇票结算的基本规定

1. 银行汇票一律记名，允许背书转让，但“现金”字样银行汇票不能转让。

2. 银行汇票申请结算的起点金额为500元，500元以下款项不予办理。

3. 银行汇票的付款期为1个月。此1个月是指从签发日开始，不论月大月小，统一到下月对应日期止。比如签发日为3月7日，则付款期到4月7日止，到期日遇节假日可以顺延，逾期的银行汇票兑付银行不予受理。而提到的付款期是指从签发之日起到办理兑付之日止的时期。

4. 持票人如果丢失了填明“现金”字样的银行汇票，应当立即向兑付银行或签发银行请求挂失。在银行受理挂失前（包括对方行收到挂失通知前）被冒领，银行概不负责。另外遗失了填明收款单位或个体经营户名称的汇票，银行不予挂失。

5. 收款人持银行汇票向银行支取款项时如需分次支取，应以收款人的姓名开立临时存款账户办理支付，临时存款账户只付不收，付完清户不计利息。

6. 汇款人因在银行汇票超过付款期或因其他原因要求退款时，可持银行汇票和解讫通知到签发银行办理退汇。

四、银行汇票结算的基本程序

1. 汇款人（申请人）委托银行办理汇票，填写一式三联的“银行汇票申请书”如表3－20所示。

2. 银行受理并签发汇票。

3. 汇款人将银行汇票和解讫通知交收款人结算。

4. 收款人持银行汇票和解讫通知填写进账单办理取款。

5. 收款人开户行转收收款人通知。

6. 银行间结算划拨。

7. 结算汇票退还余额给申请人。

银行汇票结算程序如图3－11所示。

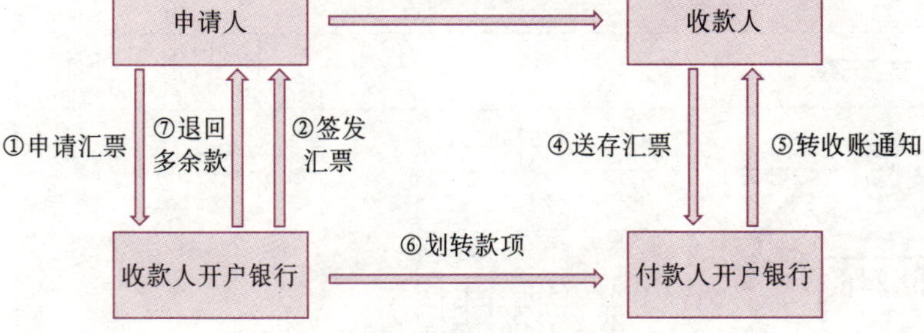

图3－11　银行汇票结算程序

表 3－20

中国工商银行银行汇票申请书（借方凭证）2

申请日期　　年　　月　　日　　　　第　　号

收款人		汇款人	
账号或地址		账号或地址	
兑付地点		兑付行	
汇款金额	人民币（大写）		千 百 十 万 千 百 十 元 角 分

上列款项请从我账户内支付

申请人盖章

科　目

对方科目

转账日期

复核　　　　记账

此联由汇款人留存作记账传票

二维码 3.3
银行本票与银行汇票的区别

任务实施

任务实施一　2019 年 3 月 9 日，辰新公司向三江电子设备厂购进电子配件一批，单价 5.00 元，价款 85 000 元，增值税 13 600 元。双方商定采用银行汇票的方式办理结算，出纳到开户银行申请签发银行汇票一张，面额 100 000 元。3 月 11 日，采购员持银行汇票购入该配件，材料已发出，尚未到达。

实施步骤：

第一步：出纳向银行申请银行汇票并填写银行汇票业务委托书。银行按申请额出票（见表 3－21）。

表 3－21

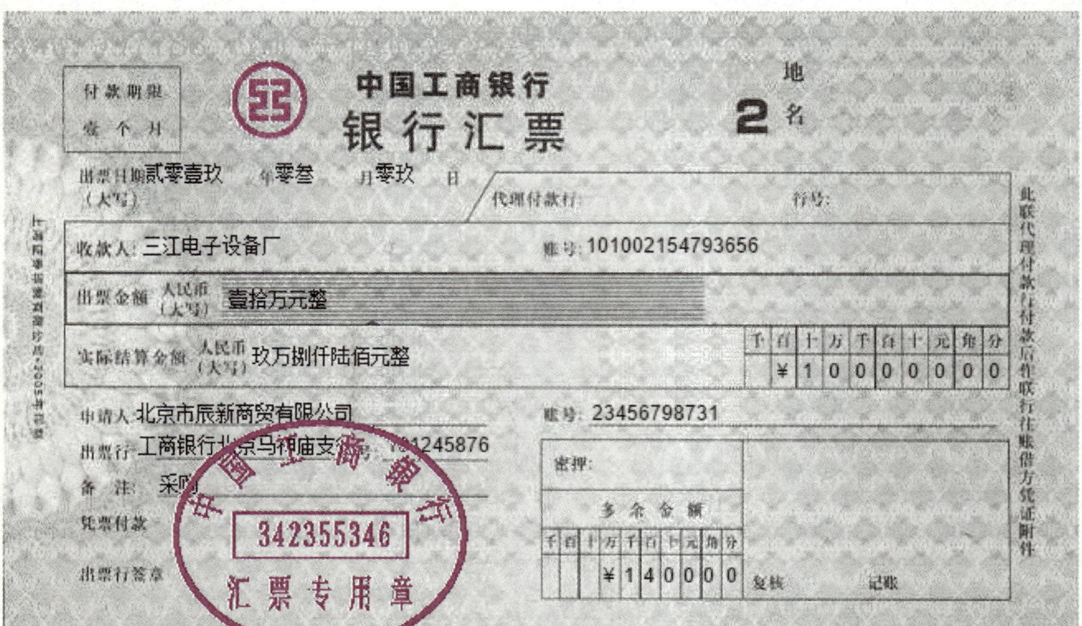
付款期限 壹个月
中国工商银行
银行汇票　2
出票日期（大写）贰零壹玖 年零叁 月零玖 日
代理付款行：　行号：
收款人：三江电子设备厂　账号：101002154793656
出票金额 人民币（大写）壹拾万元整
实际结算金额 人民币（大写）玖万捌仟陆佰元整　¥ 1 0 0 0 0 0 0 0
申请人：北京市辰新商贸有限公司　账号：23456798731
出票行：工商银行北京马甸支行　行号：121245876
备注：采购
凭票付款
出票行签章
中国工商银行 342355346 汇票专用章
密押：
多余金额 ¥ 1 4 0 0 0 0
复核　记账
此联代理付款行付款后作联行往账借方凭证附件

第二步：会计填写会计凭证（见表 3－22 至表 3－24）。

（1）申请银行汇票时：

借：其他货币资金——银行汇票（签发的实际金额）　100 000

　　贷：银行存款（实际支付金额）　100 000

（2）购料时：

借：在途物资——电子配件（材料价款）　85 000

　　应交税费——应交增值税（进项税额）　13 600

　　贷：银行存款　98 600

（3）退回多余款时：

借：银行存款（实际收款金额）　1 400

　　贷：其他货币资金——银行汇票（多余款）　1 400

表 3－22

付　款　凭　证

2019年 03月 09日　　付字 09 号

摘要	科目		√	借方余额									贷方余额								
	总账科目	明细科目		百	十	万	千	百	十	元	角	分	百	十	万	千	百	十	元	角	分
申请银行汇票	其他货币资金	银行汇票			1	0	0	0	0	0	0	0									
	银行存款	工行账户												1	0	0	0	0	0	0	0
合计				¥	1	0	0	0	0	0	0	0	¥	1	0	0	0	0	0	0	0

（附件 1 张）

会计主管 李宏　记账 周云　出纳 周云　稽核 李宏　填制 孙娟

表 3－23

转　账　凭　证

2019年 03月 09日　　转字 06 号

摘要	科目		√	借方余额									贷方余额								
	总账科目	明细科目		百	十	万	千	百	十	元	角	分	百	十	万	千	百	十	元	角	分
购买电子配件	在途物资	电子配件				8	5	0	0	0	0	0									
	应交税费	应交增值税（进项税额）				1	3	6	0	0	0	0									
	银行存款	工行账户													9	8	6	0	0	0	0
合计					¥	9	8	6	0	0	0	0		¥	9	8	6	0	0	0	0

（附件 2 张）

会计主管 李宏　记账 周云　出纳 周云　稽核 李宏　填制 孙娟

表 3－24

收 款 凭 证

2019年 03 月 09 日 收字 04 号

摘要	科目		√	借方余额									贷方余额								
	总账科目	明细科目		百	十	万	千	百	十	元	角	分	百	十	万	千	百	十	元	角	分
退回余款	银行存款	工行存款					1	4	0	0	0	0									
	其他货币资金	银行汇票														1	4	0	0	0	0
合计						¥	1	4	0	0	0	0			¥	1	4	0	0	0	0

（附件 1 张）

会计主管 李宏 记账 周云 出纳 周云 稽核 李宏 填制 孙娟

任务拓展

请根据上述任务实施一，填写“银行汇票申请书”（见表 3－25）。

表 3－25

中国工商银行银行汇票申请书（借方凭证）2

申请日期 年 月 日 第 号

收款人		汇款人	
账号或地址		账号或地址	
兑付地点		兑付行	
汇款金额	人民币（大写）		千 百 十 万 千 百 十 元 角 分

上列款项请从我账户内支付 科 目

申请人盖章 对方科目

转账日期

复核 记账

此联由汇款人留存作记账传票

职业能力训练

一、单项选择题

1. 银行汇票丧失，失票人可以凭法院出具的其享有票据权利的证明，向（ ）请求付款或退款。

A. 出票银行　　B. 持票人开户银行

C. 出票人　　D. 背书人

2. 根据《中华人民共和国票据法》的规定，下列各项中，不属于银行汇票必须记载的事项是（　　）。

A. 确定的金额　　B. 付款人名称

C. 收款人名称　　D. 承兑人名称

3. 关于银行汇票办理和使用要求，下列表述不正确的是（　　）。

A. 签发现金银行汇票，申请人和收款人都必须是个人

B. 出票银行收妥款项后签发银行汇票，并用压数机压印出票金额，只需将银行汇票联交给申请人

C. 银行汇票应在出票金额内按实际计算金额办理结算

D. 银行汇票的实际结算金额不得更改，更改实际结算金额的银行汇票无效

二、多项选择题

1. 下列各选项中，符合银行汇票结算基本规定的有（　　）。

A. 银行汇票一律记名

B. 银行汇票的付款期为 1 个月

C. 需要支取现金的，应在汇票中填写“现金”字样

D. 银行汇票遗失，不得挂失止付

2. 根据支付结算法律制度的规定，下列票据中，允许个人使用的有（　　）。

A. 支票　　B. 银行承兑汇票

C. 银行本票　　D. 银行汇票

三、判断题

1. 电子商业汇票包括电子银行承兑汇票和电子商业承兑汇票，电子商业汇票系统运行后，纸制商业汇票、电子商业汇票同时使用。（　　）

2. 背书不得附有条件，背书附有条件的，所附条件不具有票据上的效力。（　　）

3. 在签发票据时，单位和银行的名称应当记载全称或规范化简称。（　　）

任务五　办理商业汇票结算业务

任务导入

辰新商贸有限公司将持有的三江电子设备厂开出的不带商业承兑汇票

8 000 元向银行贴现，经银行同意办理贴现，该票据于 11 月 7 日签发，期限为 6 个月，月贴现率为 6‰。丁海应该如何办理？

知识准备

一、商业汇票结算的概念及适用范围

商业汇票是指由出票人签发的，委托付款人在按规定日期无条件支付确定金额给收款人或持票人的票据。商业汇票的出票人可以是收款人，也可以是付款人或承兑申请人，商业汇票的付款人为承兑人。

商业汇票结算方式适用于同城或异地在银行开立账户的法人以及其他组织之间，根据购销合同进行商品交易及债权债务的结算。它是一种先发货后收款或延期付款的商业交易结算。

二、商业汇票种类

商业汇票按承兑人不同分为商业承兑汇票和银行承兑汇票；按票据是否带息分为不带息商业汇票（到期值为面值）和带息商业汇票（到期值为面值加利息）。

1. 商业承兑汇票。商业承兑汇票是由收款人签发，经付款人承兑，或收付款人签发并承兑的一种票据，如表 3－26 所示。

商业承兑汇票一式三联：

第一联为“卡片”，此联承兑人留存；

第二联为“汇票”，此联由收款人开户行随托收凭证传递给付款人开户行作借方凭证附件；

第三联为“存根”，此联由签发人存查。

表 3－26

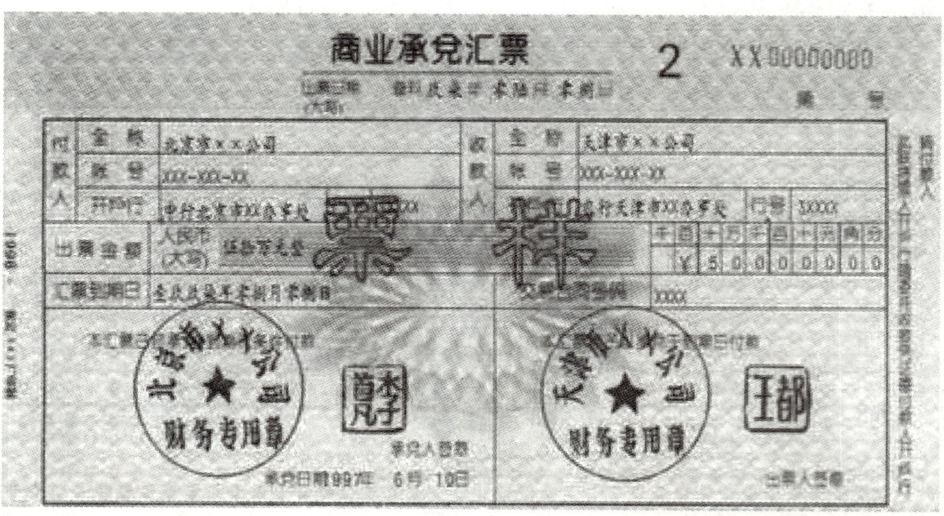
商业承兑汇票 2 XX00000000

付款人 全称	北京市××公司	收款人 全称	天津市××公司
账号	XXX-XXX-XX	账号	XXX-XXX-XX
出票金额	人民币（大写）		¥ 5 0 0 0 0 0 0 0

财务专用章　　财务专用章

承兑人签章　　出票人签章

样

2. 银行承兑汇票。银行承兑汇票是由付款人或承兑申请人签发的，经银行审查同意承兑的票据（如表 3－27 所示）。

银行承兑汇票一式三联：

第一联为“卡片”，此联承兑银行留存备查，到期支付票款时作为借方凭证附件；

第二联为“汇票”，此联由随委托收款凭证寄付款行作借方凭证附件；

第三联为“存根”，此联由出票人存查。

表 3－27

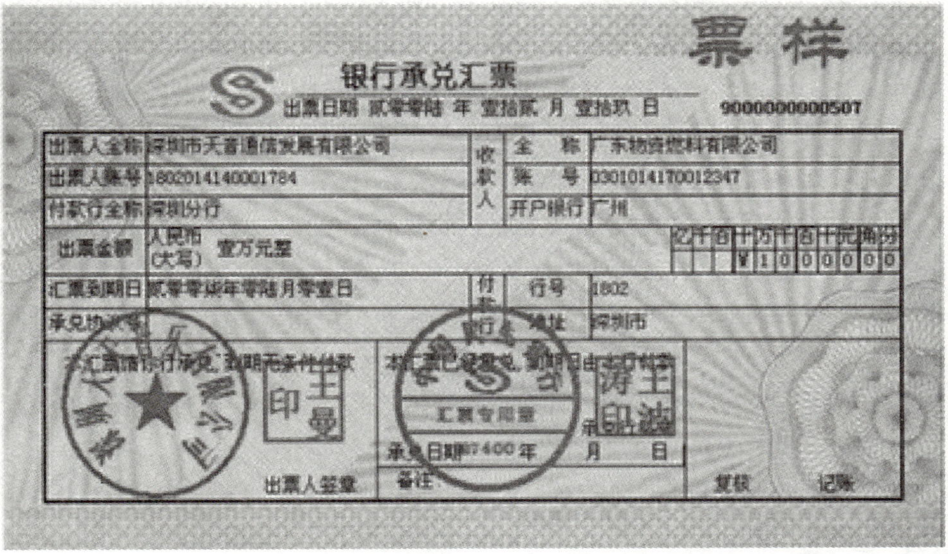
票样
银行承兑汇票
出票日期 贰零零陆 年 壹拾贰 月 壹拾玖 日
9000000000507
出票人全称 深圳市天音通信发展有限公司
出票人账号 1802014140001784
付款行全称 深圳分行
收款人 全称 广东物资燃料有限公司
账号 0301014170012347
开户银行 广州
出票金额 人民币（大写） 壹万元整
亿 千 百 十 万 千 百 十 元 角 分
¥ 1 0 0 0 0 0 0
汇票到期日 贰零零柒年零陆月零壹日
付款行 行号 1802
地址 深圳市
承兑协议编号
本汇票请你行承兑，到期无条件付款
出票人签章
承兑日期 年 月 日
备注
复核 记账

三、商业汇票结算的基本规定

1. 使用商业汇票结算的条件。

（1）商业汇票一律为记名式，允许背书转让。签发人或承兑人在汇票正面记明“不得转让”字样的汇票不得背书转让。

（2）使用商业汇票的单位必须是在银行开立账户的法人。

（3）签发商业汇票必须以合法的商品交易为基础，禁止签发无对价商品交易的汇票，严禁利用商业汇票拆借资金和套取银行贴现资金。

2. 商业承兑汇票结算规定。

（1）商业承兑汇票按购、销双方约定签发。由收款人签发的商业承兑汇票，应交付款人承兑；由付款人签发的商业承兑汇票，应经本人承兑。承兑时，付款人须在商业承兑汇票下面签署“承兑”字样，并加盖预留银行印章，再将商业承兑汇票交给收款人。

（2）商业承兑汇票的办理办法。

①商业承兑汇票的收款人或被背书人，对在同一城市的付款人承兑的汇票，应于汇票到期日将汇票送交银行办理收款，对在异地的付款人承兑的汇票，应于汇票到期日前 5 天内，将汇票交开户银行办理收款。对逾期的汇票，

应于汇票到期日次日起 10 天内，将汇票送交开户银行办理收款。超过期限，银行不予受理。

②办理商业承兑汇票收款时，均需填制委托收款凭证，并在“委托收款货物名称栏”注明“商业承兑汇票”及汇票号码，将汇票随托收凭证一并送交开户银行。

四、商业汇票结算的基本程序

（一）商业承兑汇票结算的基本程序

1. 签发汇票。商业承兑汇票按照双方协定，可以由付款单位签发，也可以由收款人签发。出纳填写汇票一式三联交付款人，商业承兑汇票由付款单位承兑。

2. 付款人承兑商业汇票。付款人在汇票的承兑栏签署“承兑”字样，注明承兑日期，加盖银行印鉴后交给付款人。

3. 收款人委托银行收款。委托银行收款时，应填写一式五联的“委托收款凭证”，在其中“委托收款凭证名称”栏内注明“商业承兑汇票”字样及汇票号码，在商业承兑汇票第二联背面加盖收款单位公章后，一并送交开户银行。

4. 到期兑付。付款人收到开户行转来的“托收凭证”的付款通知联及所附汇票后，校对无误即通知银行付款。

5. 银行办理划款。

6. 收妥入账。

商业承兑汇票结算程序如图 3－12 所示。

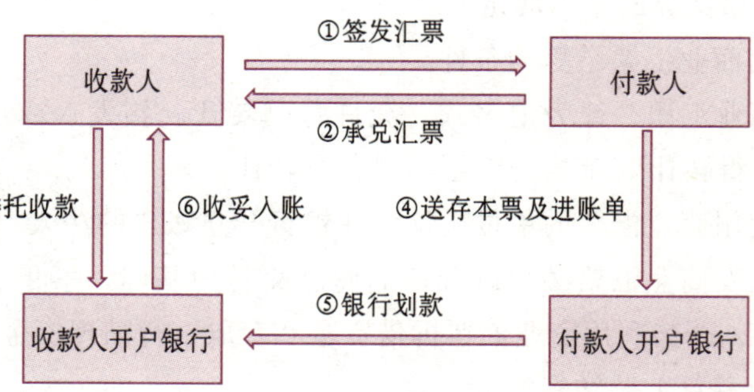

图 3－12　商业承兑汇票结算程序

（二）银行承兑汇票的结算程序

1. 签发、承兑银行承兑汇票。付款人按照双方签订的合同的规定，签发银行承兑汇票，银行承兑汇票一式三联。按照“银行承兑协议”的规定，付款单位办理承兑手续应向承兑银行支付手续费，由开户银行从付款单位存款户中扣收。按照现行规定，银行承兑手续费按银行承兑汇票的票面金额的万分之五计收，每笔手续费不足 10 元的，按 10 元计收。

2. 委托收款。付款单位出纳员在填制完银行承兑汇票后，应将汇票的有关内容与交易合同进行核对，核对无误后填制“银行承兑协议”（如表3－28）及银行承兑汇票清单，并在“承兑申请人”处加盖单位公章。银行承兑协议一般为一式三联，待银行审核完毕之后，在银行承兑协议上加盖银行公章或合同章，在银行承兑汇票上加盖汇票专用章，并至少加盖一个经办人私章。

表3－28

银行承兑汇票协议　　1

编号：

银行承兑汇票的内容：

出票人全称	收款人全称
开户银行	开户银行
账　号	账　号
汇票号码	汇票金额（大写）
出票日期　年　月　日	到期时间　年　月　日

以上汇票经银行承兑，出票人愿遵守《支付结算办法》的规定及下列条款：

一、出票人于汇票到期日前将应付票款足额交存承兑银行。

二、承兑手续费按票面金额千分之（　　）计算，在银行承兑时一次付清。

三、出票人与持票人如发生任何交易纠纷，均由其双方自行处理，票款于到期前仍按第一条办理不误。

四、承兑汇票到期日，承兑银行凭票无条件支付票款。如到期日之前出票人不能足额交付票款时，承兑银行对不足支付部分的票款转作出票申请人逾期贷款，并按照有关规定计收罚息。

五、承兑汇票款付清后，本协议自动失效。

承兑银行签章　　　　出票人签章

年　月　日

3. 到期兑付。纸质银行承兑汇票的承兑期限最长不超过6个月，电子银行承兑汇票的承兑期限最长不超过1年。承兑申请人在银行承兑汇票到期未付款的，按规定计收逾期罚息。

银行承兑汇票结算程序如图3－13所示。

五、商业承兑汇票的贴现

商业承兑汇票贴现是指持票人因急需资金，在票据将未到期前经过背书将商业承兑汇票转让给银行，银行在按贴现率扣除贴现利息后将余额票款

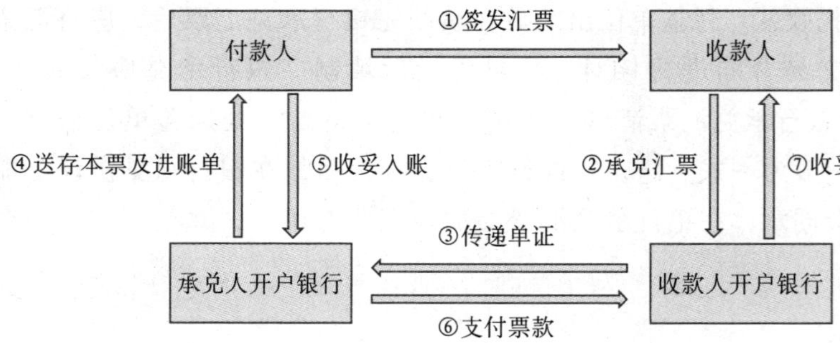

图 3－13　银行承兑汇票结算程序

付给持票人的一种授信业务。

持有人将未到期的商业承兑汇票交给银行，向银行申请贴现，填制一式五联“贴现凭证”，银行按照票面金额扣收自贴现日至汇票到期日期间的利息，将票面金额扣除贴现利息后的净额交给汇票持有人。第一联（代申请书）交银行作贴现付出传票；第二联（收入凭证）交银行作贴现申请单位账户收入传票；第三联（收入凭证）交银行作贴现利息收入传票；第四联（收账通知）交银行给贴现申请单位的收账通知；第五联（到期卡）交会计部门按到期日排列保管，到期日作贴现收入凭证。

贴现息及贴现净额计算公式为：

1. 不带息计算方法。

贴现利息＝贴现金额×贴现天数×日贴现率

日贴现率＝月贴现率÷30＝年贴现率÷360

贴现净额＝票面金额－贴现利息

2. 带息计算方法。

到期值＝票面金额×期限×票面利息÷360

贴现利息＝到期值×贴现天数×日贴现率

日贴现率＝月贴现率÷30＝年贴现率÷360

贴现净额＝到期值－贴现利息

票据到期，由贴现银行通过付款单位开户银行向付款单位办理清算，收回票款。

票据到期，有以下几种情况：

（1）如果付款单位存款足额支付票款，收款单位应于贴现银行收到票款后将应收票据在备查簿中注销。

（2）当付款单位存款不足无力支付到期商业承兑汇票时，贴现行将商业承兑汇票退还给贴现单位，并开出特种转账传票，并在“转账原因”中注明“未收到××号汇票款，贴现款已从你账户收取”字样，从贴现单位银行账户直接划转已贴现票款。

贴现单位收到银行退回的商业承兑汇票和特种转账传票时，凭特种转账传票编制银行存款付款凭证，同时立即向付款单位追索票款。

任务实施

任务实施一　2019 年 3 月 15 日，辰新商贸有限公司向三江电子设备厂购进电子设备一批，价款 100 000 元，增值税 16 000 元。出纳到开户银行申请并开出一张期限为 2 个月、面值为 116 000 元的银行承兑汇票，材料已经验收入库。

二维码 3.4
商业汇票、商业承兑汇票与银行汇票三者的区别

实施步骤：

第一步：出纳填写银行承兑汇票协议书（见表 3－29）。

表 3－29

银行承兑汇票协议　　1

编号：2019-25

银行承兑汇票的内容：

出票人全称	北京市辰新商贸有限公司	收款人全称	三江电子设备厂
开户银行	工商银行北京马神庙支行	开户银行	工商银行天益路分行
账　　号	23456798731	账　　号	101002154886869
汇票号码	0101065489	汇票金额（大写）	壹拾壹万陆仟元整
出票日期	2019 年 03 月 15 日	到期时间	2019 年 05 月 15 日

以上汇票经银行承兑，出票人愿遵守《支付结算办法》的规定及下列条款：

一、出票人于汇票到期日前将应付票款足额交存承兑银行。

二、承兑手续费按票面金额

（　　　　　　　　万分之五）计算，在银行承兑时一次付清。

三、出票人与持票人如发生任何交易纠纷，均由其双方自行处理，票款于到期前仍按第一条办理不误。

四、承兑汇票到期日，承兑银行凭票无条件支付票款。如到期日之前出票人不能足额交付票款时，承兑银行对不足支付部分的票款转作出票申请人逾期贷款，并按照有关规定计收罚息。

五、承兑汇票款付清后，本协议自动失效。

承兑银行签章　中国工商银行　2019年3月15日　业务办讫章

出票人签章　马进印

2019 年 03 月 15 日

第二步：申请银行承兑汇票，缴纳手续费用（见表 3－30）。

表 3－30

付 款 凭 证

2019年 03月 15日　　　　付字 17 号

摘要	总账科目	明细科目	√	借方百	借方十	借方万	借方千	借方百	借方十	借方元	借方角	借方分	贷方百	贷方十	贷方万	贷方千	贷方百	贷方十	贷方元	贷方角	贷方分
申请银行承兑汇票，支付手续费	财务费用	手续费							5	8	5	0									
	银行存款	工行账户																5	8	5	0
合计								¥	5	8	5	0					¥	5	8	5	0

（附件 2 张）

会计主管 李宏　记账 周云　出纳 周云　稽核 李宏　填制 孙娟

第三步：会计办理银行汇票（见表 3－31）。

表 3－31

银行承兑汇票(存 根)　　3

汇票号码0101065489

出票日期(大写)　贰零壹玖　年　零叁 月壹拾伍日

出票人	全　称	北京市辰新商贸有限公司	收款人	全　称	三江电子设备厂
	账　号	23456798731		账　号	101002154886869
	开户银行	工商银行北京马神庙支行		开户银行	工商银行天益路分行
出票金额	人民币(大写)	壹拾壹万陆仟元整	千百十万千百十元角分		¥ 1 1 6 0 0 0 0 0
汇票到期日(大写)	贰零壹玖年伍月壹拾伍日		付款人开户行	行号	
承兑协议编号				地址	工商银行北京马神庙支行
马进印		备注			

此联出票人存查

第四步：取得增值税专用发票，收到材料办理入库。会计填写会计凭证（见表 3－32 至表 3－34）。

表 3－32

45128874　　北京增值税专用发票　　N0101164679

发票联

全国统一发票监制章 国家税务总局监制

开票日期：2019年3月15日

购买方	名　　称：北京市辰新商贸有限公司 纳税人识别号：11230316MA7HDQ540L 地址、电话：北京市海淀区马神庙231号 010—68538042 开户行及账号：工商银行北京马神庙支行 23456798731	密码区	67/*+3*0/611*++0/+0*/*+3+2/9 *11*+66666**066611*+66666* 1**+216***6000*261*2*4/*547 203994+-42*64151*6915361/3*

货物或应税劳务、服务名称	规格型号	单位	数量	单价	金额	税率	税额
电子设备		只	1 000	100.00	100 000.00	16%	16 000.00
合　计					¥ 100 000.00		¥ 16000.00
价税合计（大写）	壹拾壹万陆仟元整				（小写）¥ 116 000.00		

销售方	名　　称：三江电子设备厂 纳税人识别号：321458792SU65JIQ98 地址、电话：三江市高新区天益中路548号 010-58741264 开户行及账号：工商银行天益路分行101002154886869	备注	三江电子设备厂 33019510133090 发票专用章

收款人：王建军　　复核：　　开票人：周云　　销售方：（章）

国税函〔2014〕257号浙江印钞厂

第三联：发票联　购买方记账凭证

表 3－33

收　料　单

发票号码：101648　　2019 年 3 月 15 日　　编号：20190315

供应单位：三江电子设备厂　　收料仓库：一号库

材料类别：

材料/编号	物料名称	规格型号	单位	数量		实际成本					
				应收	实收	买价		运杂费	其他	合计
						单价	金额			
	电子设备			1 000	1 000	100.00	100 000.00			100 000.00
合计					1 000		¥100 000.0			¥100 000.0

采购员：苏秦　　检验员：　　记账员：周云　　保管员：李伍

第二联　收据

表 3－34

转　账　凭　证

2019年 03月 15日　　转字 16 号

摘要	总账科目	明细科目	√	借方余额	贷方余额
购买电子设备	原材料	电子设备		10000000	
	应交税费	应交增值税（进项税额）		1600000	
	应付票据	三江电子设备有限公司			11600000
合计				¥11600000	¥11600000

（附件 2 张）

会计主管 李宏　记账 周云　出纳 周云　稽核 李宏　填制 孙娟

第五步：银行汇票到期（见表 3－35 至表 3－37）。

表 3－35

ICBC 中国工商银行　托收凭证（付款通知）

5

委托日期 2019 年 3 月 15 日　　付款期限 2019 年 5 月 15 日

业务类型	委托收款（☑ 邮划、☐ 电划）			托收承付（☐ 邮划、☐ 电划）		
付款人	全称	北京市辰新商贸有限公司	收款人	全称	三江电子设备厂	
	账号	23456798731		账号	101002154886869	
	地址	北京 省 市县　开户行 工商银行北京马神庙		地址	三江 省 市县　开户行 工商银行天益路分行	

金额	人民币（大写） 壹拾壹万陆仟元整	亿	千	百	十	万	千	百	十	元	角	分
				¥	1	1	6	0	0	0	0	0

款项内容	货款	托收凭据名称	银行承兑汇票	附寄单证张数	壹
商品发运情况		合同名称号码	2019-25		

备注： 付款人开户银行收到日期： 年 月 日 复核　记账	（印章：中国工商银行 2019年3月15日 业务办讫章） 付款人开户银行签章 2019 年 3 月 15 日	付款人注意： 1. 根据支付结算办法，上列委托收款（托收承付）款项再付款期限内未提出拒付，即视为同意付款，以此代付款通知。 2. 如需提出全部或部分拒付，应在规定期限内，将拒付理由书并附债务证明退交开户银行。

此联付款人开户银行给付款人的按期付款通知

表 3－36

付　款　凭　证

2019 年 05 月 15 日　　　　付字 01 号

摘要	科目		√	借方余额									贷方余额								
	总账科目	明细科目		百	十	万	千	百	十	元	角	分	百	十	万	千	百	十	元	角	分
到期支付银行承兑汇票	应付票据	三江电子设备有限			1	1	6	0	0	0	0	0									
	银行存款	工行账户												1	1	6	0	0	0	0	0
合计				¥	1	1	6	0	0	0	0	0	¥	1	1	6	0	0	0	0	0

（附件 1 张）

会计主管 李宏　记账 周云　出纳 周云　稽核 李宏　填制 孙娟

表 3-37

转 账 凭 证

2019 年 05 月 15 日　　　　转字 01 号

摘要	科目		√	借方余额									贷方余额								
	总账科目	明细科目		百	十	万	千	百	十	元	角	分	百	十	万	千	百	十	元	角	分
到期无力支付银行承兑汇票	应付票据	三江电子设备有限公司			1	1	6	0	0	0	0	0									
	短期借款	中国工商银行												1	1	6	0	0	0	0	0
合计				¥	1	1	6	0	0	0	0	0	¥	1	1	6	0	0	0	0	0

（附件 1 张）

会计主管 李宏　记账 周云　出纳 周云　稽核 李宏　填制 孙娟

第六步：会计编制记账凭证。

（1）申请银行承兑汇票，缴纳手续费用时：

借：财务费用（实际金额）　　58.50

　　贷：银行存款（实际支付金额）　　58.50

（2）收到购料时：

借：原材料（材料价款）　　100 000

　　应交税费——应交增值税（进项税额）　　16 000

　　贷：应付票据（应付价税合计）　　116 000

（3）银行承兑汇票到期：

企业按期支付：

借：应付票据（应付价税合计）　　116 000

　　贷：银行存款（实际支付金额）　　116 000

企业无力支付：

借：应付票据（应付价税合计）　　116 000

　　贷：短期借款　　116 000

任务实施二　2019 年 3 月 16 日，辰新公司收到北京青云四季旅行社签发并承兑的一张商业承兑汇票，面值为 90 000 元，期限为 60 天。

实施步骤：

第一步：收到商业承兑汇票，交由会计审核（见表 3-38）。

表 3－38

商业承兑汇票　　2 $\frac{AB}{01}$ 00354729

出票日期（大写） 贰零壹玖 年 零叁 月 壹拾陆 日

付款人	全称	北京市青云四季旅行社	收款人	全称	北京市辰新商贸有限公司
	账号	000012345678		账号	23456798731
	开户银行	中国建设银行五道口支行		开户银行	工商银行北京马神庙支行
出票金额	人民币（大写）	玖万元整	亿千百十万千百十元角分		¥ 9 0 0 0 0 0 0
汇票到期日（大写）		贰零壹玖年伍月壹拾陆日	付款行	行号	
交易合同号码		201924		地址	北京市海淀区五道口309号
本汇票已经承兑，到期无条件支付票款 （印：董丹） 承兑人签章： 承兑日期：2019 年 3 月 16 日			本汇票请予以承兑于到期日汇款 （印：马进） 出票人签章		

此联收款人开户行随托收凭证寄付款行作借方凭证附件

第二步：开具增值税专用发票（见表 3－39）。

表 3－39

24689663

北京增值税专用发票　　N0010014874674

（印：全国统一发票监制章 国家税务总局监制）

此联不作报销、扣税凭证使用

开票日期：2019年3月16日

购买方	名称：北京市青云四季旅行社 纳税人识别号：11440311MA5HDQ370L 地址、电话：北京市海淀区五道口309号 开户行及账号：中国建设银行五道口支行 000012345678				密码区	67/*+3*0/611*++0/+0*/*+3+2/9 *11*+66666**066611*+66666* 1**+216***6000*261*2*4/*547 203994+-42*64151*6915361/3*	
货物或应税劳务、服务名称	规格型号	单位	数量	单价	金额	税率	税额
打印机		台		318.00	77 586.00	16%	12 414.00
合计					¥ 77 586.00		¥ 12 414.00
价税合计（大写）	玖万元整				（小写） ¥ 90 000.00		
销售方	名称：北京市辰新商贸有限公司 纳税人识别号：11230316MA7HDQ540L 地址、电话：北京市海淀区马神庙231号 010—68538042 开户行及账号：工商银行北京马神庙支行 23456798731				备注		

收款人：赵青云　　复核：　　开票人：周云　　销售方：（章）

[illegible](2014) 257 号浙江印钞厂

第一联：记账联 销售方记账凭证

第三步：会计编制记账凭证（见表 3－40 至表 3－42）。

（1）收到商业承兑汇票时：

借：应收票据（实际应收金额）　　90 000

　　贷：主营业务收入——打印机　　77 586

　　　　应交税费——应交增值税（销项税额）　　　　　　12 414

（2）商业承兑汇票到期时：

收到收款通知：

借：银行存款（实际收到金额）　　　　　　90 000

　　贷：应收票据（实际应收金额）　　　　　　90 000

对方无力支付：

借：应收账款（实际应收金额）　　　　　　90 000

　　贷：应收票据（面值）　　　　　　90 000

表 3－40

转 账 凭 证

2019年 03月 16日　　　　转字 18 号

摘要	科目		√	借方余额									贷方余额								
	总账科目	明细科目		百	十	万	千	百	十	元	角	分	百	十	万	千	百	十	元	角	分
收到商业承兑汇票	应收票据	三江电子设备有限公司				9	0	0	0	0	0	0									
	主营业务收入	打印机													7	7	5	8	6	0	0
	应交税费	应交增值税（销项税额）													1	2	4	1	4	0	0
合计					¥	9	0	0	0	0	0	0		¥	9	0	0	0	0	0	0

（附件 2 张）

会计主管 李宏　记账 孙娟　出纳　稽核 李宏　填制 孙娟

表 3－41

收 款 凭 证

2019年 05月 15日　　　　收字 01 号

摘要	科目		√	借方余额									贷方余额								
	总账科目	明细科目		百	十	万	千	百	十	元	角	分	百	十	万	千	百	十	元	角	分
收到款项	银行存款	工行账户				9	0	0	0	0	0	0									
	应收票据	三江电子设备有限公司													9	0	0	0	0	0	0
合计					¥	9	0	0	0	0	0	0		¥	9	0	0	0	0	0	0

（附件 1 张）

会计主管 李宏　记账 周云　出纳 周云　稽核 李宏　填制 孙娟

表 3－42

转 账 凭 证

2019年05月 15日　　　　转字 02 号

摘要	科目		√	借方余额									贷方余额								
	总账科目	明细科目		百	十	万	千	百	十	元	角	分	百	十	万	千	百	十	元	角	分
对方无力支付商业承兑汇票	应收账款	三江电子设备有限公司				9	0	0	0	0	0	0									
	应收票据	三江电子设备有限公司													9	0	0	0	0	0	0
合计					¥	9	0	0	0	0	0	0		¥	9	0	0	0	0	0	0

（附件 1 张）

会计主管 李宏　记账 孙娟　出纳　稽核 李宏　填制 孙娟

知识扩展

商业汇票与银行汇票的主要区别如下：

1. 银行汇票的付款人是银行，商业汇票的付款人是单位。

2. 银行汇票的申请人在签发汇票时已将资金转入银行的内部账户，由代理付款银行见票时按实际结算金额付款给持票人；商业汇票的资金是到期时从付款人账户划付，分为银行承兑汇票、商业承兑汇票。银行承兑汇票到期付款人账户无款支付或不能足额支付，承兑银行会垫付资金；商业承兑汇票到期付款人账户余额不足只能通过法律等手段追索。

3. 银行汇票的有效期为一个月，为即期票据，代理付款行审核无误后即付款；商业汇票为远期汇票，期限为六个月（含）以内，到期才能付款。

4. 银行汇票的安全性要高于商业汇票的安全性。

任务拓展

1. 2019 年 3 月 18 日，辰新商贸有限公司销售一批电脑主机给北京青云四季旅行社，价款 50 000 元，税率为 16%，当日收到北京青云四季旅行社签发的一张商业承兑汇票，期限为 60 天。周云出差了，丁海第一次独立完成此笔业务。如果你是丁海，请按要求填写相关凭证并编制会计分录（见表 3－43、表 3－44）。

2. 2019 年 3 月 17 日，北京辰新商贸有限公司将持有的三江电子设备厂开出的不带商业承兑汇票 8 000 元向银行贴现，经银行同意办理贴现，该票据于 11 月 7 日签发，期限为 6 个月，月贴现率为 6‰。如果你是丁海，请按要求填写相关凭证并计算贴现净额（见表 3－45、表 3－46）。

表 3－43

北京增值税专用发票

此联不作报销、扣税凭证使用

1100183130　　№ 02491322

开票日期：

购买方	名称： 纳税人识别号： 地址、电话： 开户行及账号：	密码区					
货物或应税劳务、服务名称	规格型号	单位	数量	单价	金额	税率	税额
合计							
价税合计（大写）				（小写）			
销售方	名称： 纳税人识别号： 地址、电话： 开户行及账号：	备注					

收款人：　　复核：　　开票人：　　销售方：（章）

税总函〔2018〕341 号北京印钞有限公司

第一联：记账联　销售方记账凭证

表 3－44

商业承兑汇票

2 $\frac{AB}{01}$ 00354729

出票日期（大写）　年　月　日

付款人	全称		收款人	全称	
	账号			账号	
	开户银行			开户银行	

出票金额	人民币（大写）	亿	千	百	十	万	千	百	十	元	角	分

汇票到期日（大写）		付款行	行号	
交易合同号码			地址	

本汇票已经承兑，到期无条件支付票款 承兑人签章： 承兑日期：　年　月　日	本汇票请予以承兑于到期日汇款 出票人签章：

此联收款人开户行随托收凭证寄付款行作借方凭证附件

表 3－45

贴现凭证（代申请书） 1

填写日期：　年　月　日　　　　第　号

贴现汇票	种类		号码		申请人	名称	
	出票日	年　月　日				账号	
	到期日	年　月　日				开户银行	
汇票承兑人（或银行）	名称		账号		开户银行		
汇票金额	人民币（大写）					千 百 十 万 千 百 十 元 角 分	
贴现率	%	贴现利息	千 百 十 万 千 百 十 元 角 分		实付贴现金额	千 百 十 万 千 百 十 元 角 分	
附送承兑汇票申请贴现，请审核。 此致 贴现银行 申请人签章			银行审批	负责人		信贷员	

复核　　　　记账

此联银行作贴现借方凭证

表 3－46

收款凭证

年　月　日　　　　收字　号

摘要	科目		√	借方余额									贷方余额								
	总账科目	明细科目		百	十	万	千	百	十	元	角	分	百	十	万	千	百	十	元	角	分
合计																					

会计主管　　记账　　出纳　　稽核　　填制

（附件　张）

职业能力训练

一、单项选择题

1. 根据支付结算法律制度的规定，下列各项中，属于商业汇票持票人向银行办理贴现必须具备的条件是（　　）。

A. 票据未到期

B. 持票人与出票人或者直接前手之间具有真实的商品交易

C. 持票人是在银行开立有存款账户的企业法人或者其他组织

D. 票据未记载“不得转让”事项

2. 根据支付结算法律制度的规定，电子承兑汇票的付款期限自出票日至到期日不能超过的一定期限是（　　）。

A. 3 个月　　B. 6 个月

C. 1 年　　D. 2 年

3. 下列各项中，不符合《票据法》规定的是（　　）。

A. 商业承兑汇票属于商业汇票

B. 商业承兑汇票的承兑人是银行以外的付款人

C. 银行承兑汇票属于商业汇票

D. 银行承兑汇票属于银行汇票

4. 适用于在银行开立存款账户的法人以及其他组织之间具有真实的交易关系或债权债务关系的票据结算方式是（　　）。

A. 委托收款　　B. 托收承付

C. 商业汇票　　D. 汇兑

二、多项选择题

1. 应于到期日前向承兑人提示承兑的汇票有（　　）。

A. 未记载付款日期的汇票　　B. 定日付款的汇票

C. 出票后定期付款的汇票　　D. 见票后定期付款的汇票

2. 关于银行承兑汇票的说法中正确的有（　　）。

A. 承兑银行是付款人

B. 承兑银行在与出票人有资金关系时承担付款责任

C. 承兑银行应按照票面金额向出票人收取手续费的比例为万分之三

D. 承兑银行可以与出票人之间的资金关系对抗持票人

3. 根据《票据法》的规定，下列各项中，不会导致汇票无效的有（　　）。

A. 未记载付款日期　　B. 未记载付款地

C. 未记载出票地　　D. 未记载出票人签章

三、判断题

商业汇票的提示付款期限为自出票日起 1 个月。（　　）

任务六　办理汇兑结算业务

任务导入

辰新商贸有限公司以汇兑的方式委托开户银行工商银行北京市马神庙支

行（账号 23456798731）将 65 000 元电汇至上海恒宇科技信息有限公司工商银行南方支行（账号 5447951425889），用以购买物资。丁海应该如何办理？

知识准备

一、汇兑结算的概念及适用范围

汇兑结算是指汇款人委托银行将其款项支付给收款人的一种结算方式。

汇兑结算适用于单位、个人的商品交易、劳务供应、资金调拨和清理旧欠货款等各种款项的结算。同城、异地均可使用。

汇兑结算具有适用范围广、手续方便灵活等特点。

二、汇兑结算的种类

汇兑结算根据划转款项的方法不同以及单证传递方式不同可以分为信汇和电汇两种。

1. 信汇。信汇是汇款人委托银行通过邮寄凭证给收款人所在地银行，由汇入银行向收款人支付金额的一种汇兑方式。

信汇凭证一式四联：

第一联为“回单”联，此联是汇出行给汇款人的回单。

第二联为“借方凭证”联，此联是汇出行办理付款人账户付款的凭证。

第三联为“贷方凭证”联，此联是汇入行办理汇入款的收款凭证。

第四联为“收账通知”联，此联是汇入行给收款人的收款凭证。

2. 电汇。电汇是付款人委托银行通过电报传给收款人所在地银行，由汇入银行向收款人支付金额的一种汇兑方式。

电汇凭证一式三联（如表 3 - 47、表 3 - 48 所示）：

第一联为“回单”联，此联是汇出行给汇款人的回单。

第二联为“借方凭证”联，此联是汇出行办理付款人账户付款的凭证。

第三联为“汇款依据”联，此联是汇出行凭以汇出汇款的凭证。

三、汇兑结算的基本规定

1. 汇兑结算不受金额起点的限制，单位和个人的各种款项的结算，均可使用汇兑结算方式。

2. 汇兑分为信汇、电汇两种，由汇款人选择使用。

3. 收款人要在汇入银行支取现金，付款人在填制信汇或电汇凭证时，需在凭证“汇款金额”大写金额栏中填写“现金”字样。

4. 款项汇入异地后，收款人需携带本人的身份证件或汇入地有关单位足以证实收款人身份的证明，到银行一次办理现金支付手续。信汇或电汇凭证上未注明“现金”字样而需要支取现金的，由汇入银行按现金管理规定审查

表 3－47　　　　　　电汇凭证

中信银行　电汇凭证（回单）　　1

□普通　□加急　　委托日期：　年　月　日　　No

汇款人	全称		收款人	全称	
	账号			账号	
	汇出地点	省　市/县		汇入地点	省　市/县
汇出行名称			汇入行名称		
金额	人民币（大写）			亿千百十万千百十元角分	
汇出行签章				票证安全码	
				附加信息及用途： 复核：　记账：	

此联汇出行给汇款人的回单

表 3－48

中信银行　电汇凭证（汇款依据）　　3

□普通　□加急　　委托日期：　年　月　日　　No

汇款人	全称		收款人	全称	
	账号			账号	
	汇出地点	省　市/县		汇入地点	省　市/县
汇出行名称			汇入行名称		
金额	人民币（大写）			亿千百十万千百十元角分	
汇出行签章				票证安全码	
				附加信息及用途： 复核：　记账：	

此联汇出行作借方凭证

支付；需部分支取现金的，收款人应填写取款凭证和存款凭证送交汇入银行，办理支取部分现金和转账手续。

5. 汇款人对汇出银行尚未汇出的款项可以申请撤销。申请撤销时，应出具正式函件或本人身份证件及原信、电汇回单。汇出银行查明确未汇出款项的，收回原信、电汇回单，方可办理撤销。

四、汇兑结算的基本程序

1. 汇款人填写银行的汇款书并连同款项交给银行委托汇款。
2. 银行审核后受理，并向汇款人签发回单。
3. 汇入行与汇出行之间划转款项。
4. 汇入行将款项直接转入收款人账户并通知收款人收账。

汇兑结算程序如图 3－14 所示。

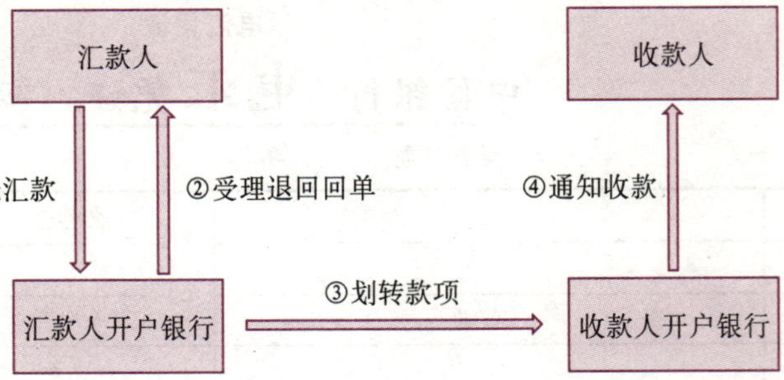

图 3－14　汇兑结算程序

任务实施

任务实施一　2019 年 3 月 20 日北京辰新公商贸有限公司以汇兑的方式委托开户行工商银行北京市马神庙支行（账号 23456798731）将 65 000 元信汇至上海广丰科技信息有限公司工商银行成发支行（账号 9047987125889），用以购买物资。

实施步骤：

第一步：出纳到银行办理汇兑填写信汇凭证，第一联带回汇款单位，开户行根据第三联向汇入行汇款（见表 3－49）。

表 3－49

中国工商银行信汇凭证（回单）1

委托日期：2019　年　3　月　20　日

汇款人	全称	北京市辰新商贸有限公司	收款人	全称	上海广丰科技信息有限公司
	账号	23456798731		账号	9047987125889
	汇出地点	省　北京　市/县		汇入地点	省　上海　市/县
汇出行名称		工商银行北京马神庙支行	汇入行名称		工商银行成发支行
金额	人民币（大写）	陆万伍仟元整	亿千百十万千百十元角分		¥6500000
汇出行签章（印章：马进印）			支付密码		******
			附加信息及用途：		
			复核：李宏		记账孙娟

此联汇出行给汇款人的回单

第二步：会计编制记账凭证（见表 3－50）。

借：其他货币资金——外埠存款（实际金额）　　65 000

　　贷：银行存款（实际金额）　　65 000

表 3－50

付款凭证

2019年 03月 20日　　　　付字 24 号

摘要	科目		√	借方余额									贷方余额								
	总账科目	明细科目		百	十	万	千	百	十	元	角	分	百	十	万	千	百	十	元	角	分
信汇	其他货币资金	外埠存款				6	5	0	0	0	0	0									
	银行存款	工行账户													6	5	0	0	0	0	0
合计					¥	6	5	0	0	0	0	0		¥	6	5	0	0	0	0	0

（附件 1 张）

会计主管 李宏　记账 周云　出纳 周云　稽核 李宏　填制 孙娟

任务拓展

辰新商贸有限公司 2019 年 3 月 21 日向成都兴利有限责任公司以电汇的形式汇入一笔货款，款项为 89 000 元。成都兴利有限责任公司资料如下：纳税人号：440290508081080900001，地址为成都春熙路 410 号，开户银行为工商银行成都春熙路支行，账号：15487953240AE。请根据以上资料填写下列原始凭证（见表 3－51）。

表 3－51

中国工商银行 电汇凭证（回单）1

□普通 □加急　　　　委托日期：　年　月　日

汇款人	全称		收款人	全称	
	账号			账号	
	汇出地点	省　市/县		汇入地点	省　市/县
汇出行名称			汇入行名称		
金额					亿 千 百 十 万 千 百 十 元 角 分
汇出行签章			票证安全码		
			附加信息及用途：		
			复核：　记账：		

此联汇出行给汇款人的回单

职业能力训练

一、多项选择题

1. 目前邮政汇兑业务汇款种类（　　）。

A. 按址汇款　　B. 商易通汇款

C. 网上支付汇款　　D. 商务汇款

2. 入账汇款可为客户提供（　　）。

A. 入账通知　　B. 汇款回执

C. 汇款附言　　D. 电话通知

3. 网上支付汇款（　　）。

A. 网汇通卡　　B. 网汇通汇款

C. 礼仪卡　　D. 电话银行

二、判断题

1. 汇款支取前所有权属于汇款人，如到期未领，汇款退还汇款人。（　　）

2. 邮政电子汇款汇费按汇款款额的1%收取，一笔汇款汇费最低为2.00元，最高为50.00元，单笔汇款最高限额为5万元。（　　）

3. “密码汇款”，取款时可到全国任意联网网点填写取款凭单，凭取款密码和有效身份证件办理取款手续。（　　）

任务七　办理托收承付结算业务

任务导入

辰新商贸有限公司与三江电子设备厂签订销售合同，购进电子设备一批，价款为60 000元，增值税为9 600元，运费由对方垫付300元。25日收到银行转到的托收承付通知书和增值税发票，同一天收到运输部门提货通知。26日验收无误通知银行付款。

知识准备

一、托收承付结算的概念及适用范围

托收承付结算是指收款人根据购销合同发货后，委托开户银行向异地付款人收取款项，由付款人向银行承认付款的结算方式。

托收承付结算具有使用范围小、商业信誉高、监管严格等特点。

《支付结算办法》规定，托收承付的适用范围是：

1. 使用该结算方式的收款单位和付款单位，必须是国有企业、供销合作社以及经营较好、并经开户银行审查同意的城乡集体所有制工业企业。

2. 办理结算的款项必须是商品交易以及因商品交易而产生的劳务供应款项。代销、寄销、赊销商品款项，不得办理托收承付结算。

二、托收承付结算的种类

托收承付结算为异地结算，分为邮寄和电报两种。

无论哪一种方式，其托收凭证均为一式五联（与委托收款结算方式相同，只需要在相应方框内打“√”即可）。

第一联：为“回单”，是收款单位开户银行给收款单位的回单。

第二联：为“委托收款凭证”，是收款单位委托开户银行办理托收款项后的收款凭证。

第三联：为“支款凭证”，是付款单位向开户银行支付贷款的支款凭证。

第四联：为“收账通知”，是收款单位开户银行在款项收妥后给收款单位的收账通知。

第五联：为“承付支款通知”，是付款单位开户银行通知付款单位按期承付货款的承付（支款）通知。

三、托收承付结算的基本规定

1. 异地托收承付结算只能在异地使用，不能在同城使用。

2. 收付双方使用托收承付结算必须签有符合《经济合同法》的购销合同，并在合同中注明使用异地托收承付结算方式。收款人办理托收，必须具有商品确已发运的证件。收付双方办理托收承付结算，必须重合同、守信誉。

3. 异地托收承付结算每笔金额起点为 10 000 元，新华书店系统每笔金额起点为 1 000 元。

4. 付款人承付货款分为验单付款和验货付款两种。验单付款承付期限为 3 天，从付款人开户银行发出承付通知的次日算起，遇节假日顺延。验单付款承付期限为 10 天，从运输部门向付款人发出提货通知的次日算起，遇节假日顺延。

5. 付款人在承付期满日银行营业终了时，如无足够资金支付，其不足部分，即为逾期未付款项，按逾期付款处理。付款人开户银行对付款人逾期支付的款项，应当根据逾期付款金额和逾期天数，按每天万分之五。计算逾期付款，但对无理的拒绝付款，而增加银行审查时间的，应从承付期满日起，计算逾期付款赔偿金。

6. 赔偿金实行定期扣付，每月计算一次，于次月 3 日内单独划给收款人。在月内有部分付款的，其赔偿金随同部分支付的款项划给收款人，对尚未支付的款项，月终再计算赔偿金，于次月 3 日内划给收款人；次月又有部分付款时，从当月 1 日起计算赔偿金，随同部分支付的款项划给收款人，对尚未支付的款项，从当月1日起至月终再计算赔偿金，于第三月的3日内划给收款人。第三月仍有部分付款的，按照上述办法计扣赔偿金。

赔偿金的扣付列为企业销货收入扣款顺序的首位，如付款人账户余额不足全额支付时，应排列在工资之前，并对该账户采取“只收不付”的控制办法，待一次足额扣付赔偿金后，才准予办理其他款项的支付。因此产生的经济后果，由付款人自行负责。

7. 付款人开户银行对逾期未付的托收凭证，负责进行扣款的期限为3个月（从承付期满日算起）。在此期限内，银行必须按照扣款顺序陆续扣款。期满时，如果付款人仍无足够资金支付该笔尚未付清的欠款，银行应于次日通知付款人将有关交易单证（单证已作账处理或已部分支付的，可以填制“应付款项证明单”），在2日内退回银行。银行将有关结算凭证连同交易单证或应付款项证明单退回收款人开户银行转交收款人，并将应付的赔偿金划给收款人。对付款人逾期不退回单证的，开户银行从发出通知的第三天起，按照该笔尚未付清欠款的金额，每天处以0.05%的罚款，并暂停付款人向外办理结算业务，直到退回单证时止。

二、托收承付结算的基本程序

托收承付结算的程序就是托收与承付两个过程。

1. 出纳填制托收承付结算凭证，交开户银行办理。
2. 开户银行审查无误受理。
3. 付款人接银行付款通知，在承付期内验单、验货核对。
4. 向开户银行承付货款。

托收承付结算程序如图3－15所示。

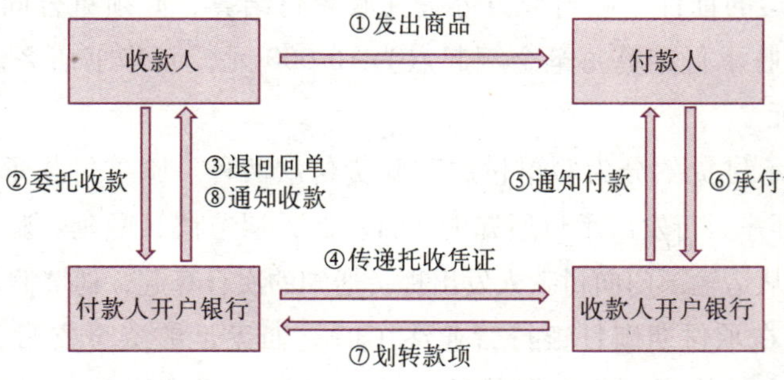

图3－15 托收承付结算程序

任务实施

任务实施一 2019年3月20日，辰新商贸有限公司根据销售合同，销售给成都兴利有限责任公司优盘1 000个，价款13 000元，增值税2 080元，21日，发货办理托运，以转账支票支付代垫运杂费100元。23日，出纳持增值税专用发票、运费发票、购销合同等凭证到银行办理托收承付结算手续。26日，收到开户银行转来的托收承付收款通知，款已经入账。

实施步骤：

第一步：会计开具增值税专用发票交仓库发货（见表 3－52）。

表 3－52

100132676　北京增值税专用发票　N00100215685656

此联不作报销、扣税凭证使用

开票日期：2019年3月20日

购买方	名　称：成都兴利有限责任公司 纳税人识别号：440290508081080900001 地址、电话：成都春熙路410号 开户行及账号：工商银行成都春熙路支行 15487953240AE				密码区	67/*+3*0/611*++0/+0*/*+3+2/9 *11*+66666**066611*+66666* 1**+216***6000*261*2*4/*547 203994+-42*64151*6915361/3*		
货物或应税劳务、服务名称	规格型号	单位	数量	单价	金额	税率	税额	
优盘		个	1 000	13.00	13 000.00	16%	2 080.00	
合　计					¥ 13 000.00		¥ 2 080.00	
价税合计（大写）	壹万伍仟零捌拾元整				（小写）¥ 15 080.00			
销售方	名　称：北京市辰新商贸有限公司 纳税人识别号：11230316MA7HDQ540L 地址、电话：北京市海淀区马神庙231号 010—68538042 开户行及账号：工商银行北京马神庙支行 23456798731				备注			

收款人：钱前灏　复核：　开票人：周云　销售方：（章）

国税函（2014）257号浙江印钞厂

第一联：记账联　销售方记账凭证

第二步：销售部门取得运费发票，出纳根据运费发票签发转账支票（见表 3－53、表 3－54）。

表 3－53

货物运输业增值税普通发票　No4382957498572498

北京

发票联

开票日期：2019年3月21日

承运人及纳税人识别号	北京市天地运输公司 01054879214692P0			密码区	>/59220556+4/75>+980/>/59220556+4/75 >/59220556+4/75>+980/>/59220556+4/75 >/59220556+4/75>+980/>/59220556+4/75 >/59220556+4/75>+980/>/59220556+4/75		
实际受票方及纳税人识别号	成都兴利有限责任公司 440290508081080900001						
收货人及纳税人识别号	成都兴利有限责任公司 440290508081080900001			发货人及纳税人识别号	北京市辰新商贸有限公司 11230316MA7HDQ540L		
起运地、经由、到达地							
费用项目及金额	费用项目：运费	金额：89.00	是否含税：否	运输货物信息			
合计金额	89.00	税率	10%	税额	8.9	机器编号	24585
价税合计（大写）	玖拾柒元玖角整				（小写）¥ 97.90		
车种车号		车船吨位		备注	北京市天地运输公司 3301951133090 发票专用章		
主管税务机关及代码	北京市高新区税务局1015487501						

收款人：赵圭　复核人：王江　开票人：王璞　承运人：（章）

国税函（2014）257号浙江印钞厂

第二联　发票联　受票方付款凭证

表 3－54

中国工商银行转账支票存根（ ）

$\frac{BB}{02}$00000000

附加信息

出票日期 2019 03 21 日

收款人：北京市天地运输

金　额：¥100.00

用　途：代垫运费

单位主管 李宏　会计 孙娟

中国工商银行　转账支票（ ）　地名 $\frac{BB}{02}$00000000

出票日期（大写）贰零壹玖 年 零叁 月 贰拾壹 日　付款行名称：工商银行北京马神庙支行

收款人：北京市天地运输公司　出票人账号：23456798731

本支票付款期限十天

人民币（大写）	壹佰元整	亿	千	百	十	万	千	百	十	元	角	分
							¥	1	0	0	0	0

用途 代垫运费　　010-2458-2545

上列款项请从

我账户内支付

出票人签章　马进印　复核　记账

第三步：出纳填写托收凭证（见表 3－55）。

表 3－55

ICBC 中国工商银行　托收凭证（受理回单）

1

委托日期 2019 年 03 月 23 日

业务类型	委托收款（□邮划、□电划）　托收承付（□邮划、☑电划）					
付款人	全称	成都兴利有限责任公司	收款人	全称	北京市辰新商贸有限公司	
	账号	15487953240AE		账号	23456798731	
	地址	省 成都 市县　开户行 工商银行成都春熙路		地址	省 北京 市县　开户行 工商银行北京马神庙	
金额	人民币（大写）	壹万伍仟零捌拾元整		亿 千 百 十 万 千 百 十 元 角 分	¥ 1 5 0 8 0 0 0	
款项内容	货款	托收凭据名称		附寄单证张数	壹	
商品发运情况		合同名称号码	010…			
备注： 复核　记账		款项收妥日期 年 月 日		付款人开户银行收到日期 2019 年 3 月 23 日	中国工商银行马神庙支行 2019.3.23 受理凭证章 收妥抵用（03）	

175×100mm　浙工1008　杭州振达票证印制

此联作收款人开户银行给收款人的受理回单

第四步：会计编制记账凭证。

（1）按购销合同发货时：

借：应收账款（应收价税合计）　15 080

　　贷：主营业务收入（价款金额）　13 000

　　　　应交税费——应交增值税（销项税额）　2 080

（2）支付代垫运费时：

借：应收账款（应收运输费金额）　100

　　贷：银行存款（实际支付金额）　100

（3）收到收账通知时，编制会计分录，填制记账凭证（见表 3 - 56、表 3 - 57）。

借：银行存款（实际收款金额）　　15 080

　　贷：应收账款（应收账款金额）　　15 080

表 3 - 56

付　款　凭　证

2019年 03月 21日　　　　付字 30 号

摘要	科目		√	借方余额									贷方余额								
	总账科目	明细科目		百	十	万	千	百	十	元	角	分	百	十	万	千	百	十	元	角	分
支付代垫运费	应收账款	成都兴利有限责任公司						1	0	0	0	0									
	银行存款	工行账户															1	0	0	0	0
合计							¥	1	0	0	0	0				¥	1	0	0	0	0

（附件 2 张）

会计主管 李宏　记账 周云　出纳 周云　稽核 李宏　填制 孙娟

表 3 - 57

转　账　凭　证

2019年 03月 21日　　　　转字 22 号

摘要	科目		√	借方余额									贷方余额								
	总账科目	明细科目		百	十	万	千	百	十	元	角	分	百	十	万	千	百	十	元	角	分
销售商品	应收账款	成都兴利有限责任公司				1	5	0	8	0	0	0									
	主营业务收入														1	3	0	0	0	0	0
	应交税费	应交增值税（销项税额）														2	0	8	0	0	0
合计					¥	1	5	0	8	0	0	0		¥	1	5	0	8	0	0	0

（附件 2 张）

会计主管 李宏　记账 孙娟　出纳　稽核 李宏　填制 孙娟

任务拓展

2019 年 3 月 22 日，辰新商贸有限公司与三江电子设备厂签订销售合同，购进电子设备一批，价款为 60 000 元，增值税率为 16%，运费由对方垫付 300 元。25 日收到银行转来的托收承付通知书和增值税发票，同一天收到运输部门提货通知。26 日验收无误通知银行付款。请填写相关原始凭证并写出会计分录（见表 3 - 58、表 3 - 59）。

表 3－58

ICBC 中国工商银行 托收凭证（付款通知） 5

委托日期 年 月 日 付款期限 年 月 日

业务类型	委托收款（□ 邮划、□ 电划）			托收承付（□ 邮划、□ 电划）		
付款人	全称		收款人	全称		
	账号			账号		
	地址	省 市县 开户行		地址	省 市县 开户行	
金额	人民币（大写）			亿 千 百 十 万 千 百 十 元 角 分		
款项内容		托收凭据名称		附寄单证张数		
商品发运情况			合同名称号码			
备注： 付款人开户银行收到日期： 年 月 日 复核 记账		付款人开户银行签章： 年 月 日		付款人注意： 1. 根据支付结算办法，上列委托收款（托收承付）款项再付款期限内未提出拒付，即视为同意付款，以此代付款通知。 2. 如需提出全部或部分拒付，应在规定期限内，将拒付理由书并附债务证明退交开户银行。		

175×100mm 浙工1008 杭州都达票证印制

此联付款人开户银行给付款人的按期付款通知

表 3－59

增值税专用发票 NO

（全国统一发票监制章 国家税务总局监制）

此联不作报销、扣税凭证使用

开票日期：

购买方	名称： 纳税人识别号： 地址、电话： 开户行及账号：				密码区	67/*+3*0/611*++0/+0*/*+3+2/9 *11*+66666**066611*+66666* 1**+216***6000*261*2*4/*547 203994+-42*64151*6915361/3*		
货物或应税劳务、服务名称		规格型号	单位	数量	单价	金额	税率	税额
合计						¥		¥
价税合计（大写）						（小写） ¥		
销售方	名称： 纳税人识别号： 地址、电话： 开户行及账号：				备注			

收款人： 复核： 开票人： 销售方：（章）

国税函(2014) 257号浙江印钞厂

第一联：记账联 销售方记账凭证

职业能力训练

一、单项选择题

1. 托收承付结算方式中，验货付款的承付期为（　　）。

A. 运输部门向收款人发出提货通知的次日算起

B. 从运输部门向付款人发出提货通知的次日算起

C. 从付款人开户行向付款人发出付款通知的次日算起

D. 从付款人开户行发出承付通知的次日算起

2. 托收承付验单付款的承付期为（　　），从付款人开户行发出承付通知的次日算起。

A. 3 天　　B. 7 天

C. 10 天　　D. 1 个月

3. 托收承付逾期付款天数从承付期满日算起，每日按逾期付款金额的（　　）% 计算逾期付款赔偿金。

A. 0.01　　B. 0.05

C. 0.005　　D. 0.0005

二、多项选择题

1. 下列不属于托收承付结算凭证必须记载的事项有（　　）。

A. 收款人的组织代码　　B. 收款人签章

C. 合同名称号码　　D. 收款人的税务登记证号

2. 可以在异地使用的支付结算方式有（　　）。

A. 汇兑　　B. 银行汇票

C. 托收承付　　D. 委托收款

三、判断题

1. 托收承付是根据经济合同由收款人发货后委托银行向异地付款人收取款项，由付款人向银行承认付款的结算方式。（　　）

2. 托收承付结算方式分为验单付款和验货付款两种承付货款方式。（　　）

3. 使用托收承付结算方式的收、付款单位，必须是国有企业、供销合作社以及经营管理较好、经开户银行审查同意的城乡集体所有制工业企业。（　　）

4. 托收承付结算方式中，付款人提出拒绝付款，银行按有关规定审查无法判明的，由收付双方自行协商处理，或向仲裁机关、人民法院申请调解或裁决。（　　）

任务八 办理委托收款结算业务

任务导入

辰新商贸有限公司根据销售合同，销售给成都兴利有限责任公司台式机100台，单价2 000元，价款为200 000元，增值税为32 000元，采用委托收款方式进行结算，28日收到银行收账通知已经收到全部货款。

知识准备

一、委托收款结算的概念及适用范围

委托收款结算是指收款人委托开户银行向付款人收取款项的一种结算方式。

这种结算方式的特点是办理结算时不受金额起点的限制，它适用范围广，不但适应商品交易、劳务供应，而且也适用于其他应收款项的结算。

无论单位或是个人均可凭已承兑商业汇票、债券、存单等付款人债务证明使用委托收款方式办理结算。凡在银行或其他金融机构开立账户的单位和个体经济户的商品交易，公用事业单位向用户收取水电费、邮电费、煤气费、公房租金等劳务款项以及其他应收款项，无论是在同城还是异地，均可使用委托收款的结算方式。

二、委托收款结算的种类

根据委托收款结算款项的划回方式，可分为邮寄划款和电报划款两种。

1. 邮寄划款。是指付款人开户银行向收款人开户银行转送委托收款凭证、提供收款依据的方式。

2. 电报划款。是指以电报方式由付款人开户银行向收款人开户银行转送委托收款凭证、提供收款依据的方式。

无论哪一种方式，委托收款凭证均为一式五联（如表3－60、表3－61所示）：

第一联：为“受理回单”，是收款人开户银行受理委托收款凭证后给收款人的回单。

第二联：为“贷方凭证”，是收款人开户银行将款项收入收款人账户后办理托收款项后的收款凭证。

第三联：为“借方凭证”，是付款人开户银行转账付款的支付凭证。

第四联：为“收账通知”，是收款人开户银行凭以汇款或收款人开户银行

作收账通知的凭证。

第五联：为“付款通知”，是付款人开户银行给付款人按期付款的通知。

表 3－60

ICBC 中国工商银行 托收凭证（受理回单）

1

委托日期　　年　　月　　日

业务类型		委托收款（□邮划、□电划）			托收承付（□邮划、□电划）			
付款人	全称			收款人	全称			
	账号				账号			
	地址	省　市县	开户行		地址	省　市县	开户行	
金额	人民币（大写）					亿 千 百 十 万 千 百 十 元 角 分		
款项内容		托收凭据名称			附寄单证张数			
商品发运情况				合同名称号码				
备注： 复核　　记账			款项收妥日期 年　月　日		付款人开户银行签章： 年　月　日			

175×100mm　浙工1008　杭州新达票证印制

此联作收款人开户银行给收款人的受理回单

表 3－61

ICBC 中国工商银行 托收凭证（付款通知）

5

委托日期　　年　　月　　日　　付款期限　　年　　月　　日

业务类型		委托收款（□邮划、□电划）			托收承付（□邮划、□电划）			
付款人	全称			收款人	全称			
	账号				账号			
	地址	省　市县	开户行		地址	省　市县	开户行	
金额	人民币（大写）					亿 千 百 十 万 千 百 十 元 角 分		
款项内容		托收凭据名称			附寄单证张数			
商品发运情况				合同名称号码				
备注： 付款人开户银行收到日期： 年　月　日 复核　　记账			付款人开户银行签章： 年　月　日		付款人注意： 1. 根据支付结算办法，上列委托收款（托收承付）款项在付款期限内未提出拒付，即视为同意付款，以此代付款通知。 2. 如需提出全部或部分拒付，应在规定期限内，将拒付理由书并附债务证明退交开户银行。			

175×100mm　浙工1008　杭州新达票证印制

此联付款人开户银行给付款人的按期付款通知

三、委托收款结算的基本规定

1. 委托收款不受金额起点的限制。凡是收款单位发生的各种应收款项，不论金额大小，只要委托银行就给办理。

2. 委托收款付款期为3天，从付款人开户银行发出付款通知的次日开始算，遇节假日顺延。

3. 付款人在付款期内未向银行提出异议，银行视作同意付款，银行在付款期满的次日开始营业时将款项划给收款人。

4. 付款人审查有关债务证明后如对收款人委托收取的款项需要拒付的，应填写“委托收款结算全部/部分拒绝付款理由书”交银行，可以办理拒绝付款。

5. 付款人在付款期满、银行营业终了前没有足够资金支付全部款项的，视为无款支付。银行于次日营业时通知付款人将有关单证2日内退回银行，银行将有关结算凭证连同单证退回收款人开户银行，转交收款人。

四、委托收款结算的基本程序

1. 出纳填制委托收款凭证，交开户银行办理。

2. 出纳递交收款凭证或债务证明，申请委托收款。

3. 开户银行审查无误受理，退回托收凭证“受理回单”。

4. 付款人开户银行通知付款人在承付期内承付。

5. 付款人向开户银行承认付款，银行之间划拨款项。

6. 收款人开户银行将款项划到收款人账户后，向收款人发出收款通知。

委托收款结算程序如图3－16所示。

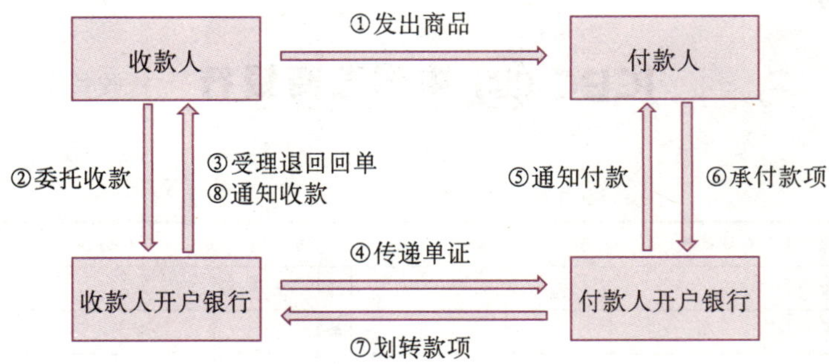

图3－16 委托收款结算程序

五、具体业务办理

1. 收款方办理业务程序。

（1）应填写邮划委托收款凭证或电划委托收款凭证并签章，将委托收款凭证和有关的债务证明一起提交收款人开户行。

（2）审查委托收款凭证和有关的债务证明是否符合有关规定。

（3）将委托收款凭证和有关的债务证明寄交付款人开户行办理委托收款。

2. 付款方办理业务程序。

（1）付款人应于接到通知的3日内书面通知银行付款。付款人未在规定期限内通知银行付款的，视同同意付款，银行应于付款人接到通知日的次日起第 4 日上午开始营业时，将款项划给收款人。

（2）银行在办理划款时，付款人存款账户不足支付的，应通过被委托银行向收款人发出未付款项通知书。按照有关办法规定，债务证明留存付款人开户银行的，应将其债务证明连同未付款项通知书邮寄被委托银行转交收款人。

（3）付款人审查有关债务证明后，对收款人委托收取的款项需要拒绝付款的，可以办理拒绝付款。

（4）以银行为付款人的，应自收到委托收款及债务证明的次日起 3 日内出具拒绝证明连同有关债务证明、凭证寄给被委托银行，转交收款人。

（5）以单位为付款人的，应在付款人接到通知日的次日起 3 日内出具拒绝证明，持有债务证明的，应将其送交付款人开户银行。银行将拒绝证明、债务证明和有关凭证一并寄给被委托银行（收款人开户银行），转交收款人。

二维码 3.5
委托收款与托收承付的区别

任务实施

任务实施一　2019 年 3 月 26 日辰新商贸有限公司根据销售合同，销售给成都兴利有限责任公司台式机 100 台，单价 2 000 元，价款 200 000 元，增值税 32 000 元，采用委托收款方式进行结算，28 日收到银行收账通知已经收到全部货款。

实施步骤：

第一步：销售部经办人员依据购销合同开具产品销售通知单，财务部门综合会计依据购销合同开具增值税专用发票（见表 3－62）。

表 3－62

5487652635　　北京增值税专用发票　　N00100176624

（全国统一发票监制章　国家税务总局监制）

此联不作报销、扣税凭证使用

开票日期：2019年3月26日

购买方	名　　称：成都兴利有限责任公司 纳税人识别号：44029050808108090001 地址、电话：成都春熙路410号 开户行及账号：工商银行成都春熙路支行 15487953240AE				密码区	67/*+3*0/611*++0/+0*/*+3+2/9 *11*+66666**066611*+66666* 1**+216***6000*261*2*4/*547 203994+-42*64151*6915361/3*	
货物或应税劳务、服务名称	规格型号	单位	数量	单价	金额	税率	税额
台式机		台	100	2 000.00	200 000.00	16%	32 000.00
合　计					￥ 200 000.00		￥ 32 000.00
价税合计（大写）	贰拾叁万贰仟元整				（小写）￥ 232 000.00		
销售方	名　　称：北京市辰新商贸有限公司 纳税人识别号：11230316MA7HDQ540L 地址、电话：北京市海淀区马神庙231号 010—68538042 开户行及账号：工商银行北京马神庙支行 23456798731				备注		

收款人：李萍　　复核：　　开票人：周云　　销售方：（章）

国税函（2014）257号浙江印钞厂

第一联：记账联　销售方记账凭证

第二步：填写委托收款凭证（见表 3－63）。

表 3－63

ICBC 中国工商银行 托收凭证（受理回单）

1

委托日期 2019 年 3 月 26 日

业务类型	委托收款（□邮划、☑电划） 托收承付（□邮划、□电划）				
付款人 全称	成都兴利有限责任公司		收款人 全称	北京市辰新商贸有限公司	
付款人 账号	15487953240AE		收款人 账号	23456798731	
付款人 地址	省 成都 市/县	开户行 工商银行成都春熙路	收款人 地址	省 北京 市/县	开户行 工商银行北京马神庙

金额 人民币（大写）	亿	千	百	十	万	千	百	十	元	角	分
贰拾叁万贰仟元整			¥	2	3	2	0	0	0	0	0

款项内容	货款	托收凭据名称		附寄单证张数	壹
商品发运情况	已发	合同名称号码	010-		
备注： 复核 记账		款项收妥日期 年 月 日		付款人开户银行收到日期 2019 年 3 月 26 日	

中国工商银行 马神庙支行 2019.03.26 受理凭证章 收妥抵用（03）

此联作收款人开户银行给收款人的受理回单

175×100mm 浙工1008 杭州新达票证印制

第三步：会计编制会计分录并填制会计凭证（见表 3－64、表 3－65）

（1）销售商品时：

借：应收账款（应收价税合计） 232 000

　　贷：主营业务收入（价款金额） 200 000

　　　　应交税费——应交增值税（销项税额） 32 000

（2）收到银行收账通知时：

借：银行存款（实际收款金额） 232 000

　　贷：应收账款（应收账款金额） 232 000

表 3－64

转 账 凭 证

2019年 03月 26日　　　　转字 30 号

摘要	总账科目	明细科目	√	借方余额 百	十	万	千	百	十	元	角	分	贷方余额 百	十	万	千	百	十	元	角	分
销售台式机	应收账款	兴利有限责任公司			2	3	2	0	0	0	0	0									
	主营业务收入	台式机												2	0	0	0	0	0	0	0
	应交税费	应交增值税（销项税额）													3	2	0	0	0	0	0
合计				¥	2	3	2	0	0	0	0	0	¥	2	3	2	0	0	0	0	0

（附件 1 张）

会计主管 李宏　记账 孙娟　出纳　稽核 李宏　填制 孙娟

表 3－65

收款凭证

2019年03月26日　　　　收字 22 号

摘要	科目		√	借方余额									贷方余额								
	总账科目	明细科目		百	十	万	千	百	十	元	角	分	百	十	万	千	百	十	元	角	分
收到款项	银行存款	工行账户			2	3	2	0	0	0	0	0									
	应收账款	兴利有限责任公司												2	3	2	0	0	0	0	0
合计				¥	2	3	2	0	0	0	0	0	¥	2	3	2	0	0	0	0	0

（附件 1 张）

会计主管 李宏　记账 周云　出纳 周云　稽核 李宏　填制 孙娟

任务拓展

1. 2019 年 3 月 28 日，辰新商贸有限公司与杭州荣华有限公司签订销售合同，购进包装箱一批，价款 5 000 元，增值税 850 元。当天发货。29 日收到银行转到的委托收款通知书和增值税发票。30 日验收无误通知银行付款，但包装箱尚未到达。请填写相关凭证、单据并编制会计分录（见表 3－66）。

表 3－66

ICBC 中国工商银行 托收凭证（付款通知）

5

委托日期　　年　　月　　日　　付款期限　　年　　月　　日

业务类型	委托收款（□ 邮划、□ 电划）			托收承付（□ 邮划、□ 电划）	
付款人	全称		收款人	全称	
	账号			账号	
	地址	省　市县　开户行		地址	省　市县　开户行
金额	人民币（大写）			亿 千 百 十 万 千 百 十 元 角 分	
款项内容		托收凭据名称		附寄单证张数	
商品发运情况			合同名称号码		
备注： 付款人开户银行收到日期： 年　月　日 复核　　记账		付款人开户银行签章： 年　月　日		付款人注意： 1. 根据支付结算办法，上列委托收款（托收承付）款项再付款期限内未提出拒付，即视为同意付款，以此代付款通知。 2. 如需提出全部或部分拒付，应在规定期限内，将拒付理由书并附债务证明退交开户银行。	

此联付款人开户银行给付款人的按期付款通知

175×100mm　浙工1008　杭州兴达票证印制

2. 2019 年 3 月 29 日，辰新公司收到银行转给成都兴利有限责任公司的委托收款凭证的付款通知书和增值税发票。30 日，假设所购入的物品完全符合合同，但是公司无力支付。请填写相关凭证、单据并编制会计分录。

出纳取回付款通知交上级审批，领导研究决定全部拒付，出纳在付款期内填写委托收款结算全部拒绝付款理由书，加盖预留银行印鉴交付银行办理。银行受理后，不负责审核拒付理由，将拒付理由书和相关凭证寄交收款人开户银行转交收款人；需要部分拒付的，应当出具部分拒付理由书送开户银行，银行办理部分划款，并将部分拒付理由书和相关凭证寄交收款人开户银行转交收款人。

请练习填写委托收款结算全部拒绝付款理由书（见表 3－67）。

表 3－67

托收承付/委托收款 结算 全部/部分 拒绝付款理由书（借方凭证）2

拒付日期　　年　月　日　　　　原托收号码：

<table>
<tr><td rowspan="3">付款人</td><td>全称</td><td colspan="3"></td><td rowspan="3">收款人</td><td>全称</td><td colspan="3"></td></tr>
<tr><td>账号</td><td colspan="3"></td><td>账号</td><td colspan="3"></td></tr>
<tr><td>开户银行</td><td></td><td>行号</td><td></td><td>开户银行</td><td></td><td>行号</td><td></td></tr>
<tr><td>托收金额</td><td></td><td>拒付金额</td><td colspan="3"></td><td>部分付款金额</td><td colspan="3">千 百 十 万 千 百 十 元 角 分</td></tr>
<tr><td>附寄单证</td><td>张</td><td>部分付款金额（大写）</td><td colspan="7"></td></tr>
<tr><td colspan="6">拒付理由：

付款人盖章</td><td colspan="4">科目（贷）
对方科目（借）
转账日期　年　月　日
复核　　记账</td></tr>
</table>

此联银行作借方凭证或存查

职业能力训练

一、单项选择题

1. 商业汇票到期，委托银行收取款项，应填写的票据是（　　）。

A. 托收承付凭证　　B. 委托收款凭证

C. 汇兑凭证　　D. 信汇凭证

2. 兑付支票，持票人委托收款结算，若付款人存款账户不足支付，银行未付款通知书应发给（　　）。

A. 收款人　　B. 收款人开户银行

C. 付款人　　D. 付款人开户银行

二、多项选择题

1. 下列属于委托收款凭证绝对记载事项的有（　　）。

A. 确定的金额和付款人名称

B. 委托收款凭据名称和附寄单证张数

C. 收款人名称和收款人签章

D. 收款日期

2. 属于委托收款的记载事项的有（　　）。

A. 标明“委托收款”的字样

B. 委托收款凭据名称及附寄单证张数

C. 收款人签章

D. 付款人名称

三、判断题

1. 委托收款是付款人委托银行将款项支付给收款人的结算方式。（　　）

2. 以银行承兑汇票办理委托收款的，委托收款凭证的付款人名称栏均应填写承兑银行名称。（　　）

3. 委托收款只能办理全部付款或全部拒绝付款，不得办理部分付款。（　　）

4. 委托收款的付款人在接到开户银行通知日的次日起 10 日内未通知开户行的，视同付款人同意付款。（　　）

任务九　办理信用卡结算业务

任务导入

2019 年 3 月 5 日，北京市辰新商贸有限公司为本单位申领工商银行的信用卡一张，用银行存款存入 100 000 元，另交年费 300 元。

知识准备

一、信用卡结算的概念、分类和适用范围

（一）信用卡结算的概念

信用卡是指一种非现金交易付款的方式，由银行或专营机构签发，可在约定银行或部门存取现金、购买商品及支付劳务报酬的一种信用凭证。持卡人可在同城和异地凭卡支取现金、转账结算和消费信用等。其形式是一张正面印有发卡银行名称、有效期、号码、持卡人姓名等内容，卡面有芯片、磁条、签名条的卡片（见图 3 - 17）。

图 3－17

（二）信用卡的分类

1. 按发卡机构不同，可分为银行卡和非银行卡。

（1）银行卡。是指银行所发行的信用卡，持卡人可在发卡银行的特约商户购物消费，也可以在发卡行所有的分支机构或设有自动柜员机的地方随时提取现金。

（2）非银行卡。此种卡又可以分成零售信用卡和旅游娱乐卡。零售信用卡是商业机构所发行的信用卡，如百货公司、石油公司等，专用于在指定商店购物或在汽油站加油等，并定期结账。旅游娱乐卡是服务业发行的信用卡，如航空公司、旅游公司等，用于购票、用餐、住宿、娱乐等。

2. 按发卡对象的不同，可分为公司卡和个人卡。

（1）公司卡。公司卡的发行对象为各类工商企业、科研教育等事业单位、国家党政机关、部队、团体等法人组织。

（2）个人卡。个人卡的发行对象则为城乡居民个人，包括工人、干部、教师、科技工作者、个体经营户以及其他成年的、有稳定收入来源的城乡居民。个人卡是以个人的名义申领、并由其承担用卡的一切责任。

3. 根据持卡人的信誉、地位等资信情况的不同，可分为普通卡和金卡。

（1）普通卡。普通卡是对经济实力和信誉、地位一般的持卡人发行的，对其各种要求并不高。

（2）金卡。金卡是一种缴纳高额会费、享受特别待遇的高级信用卡。发卡对象为信用度较高、偿还能力及信用较强或有一定社会地位者。金卡的授权限额起点较高，附加服务项目及范围也宽得多，因而对有关服务费用和担保金的要求也比较高。

4. 根据清偿方式的不同，信用卡可分为贷记卡和准贷记卡。

（1）贷记卡。它是发卡银行提供银行信用款时，先行透支使用，然后再还款或分期付款，也就是说允许持卡人在信用卡账户上无存款，其清偿的方式为“先消费，后存款”。国际上流通使用的大部分都是这类卡。

（2）准贷记卡。它是银行发行的一种先存款后消费的信用卡。持卡人在申领信用卡时，需要事先在发卡银行存有一定的款项以备用，持卡人在用卡时需以存款余额为依据，一般不允许透支。目前我国各银行发行的信用卡基本上属于准贷记卡，但是允许持卡人进行消费用途的善意、短期、小额的透支，根据不同的卡种，规定不同的限额，并在规定的期限内还款，同时支付利息。因此，实质上是具有一定透支功能的借记卡。

5. 根据信用卡流通范围的不同，可分为国际卡和地区卡。

（1）国际卡。国际卡是一种可以在发行国之外使用的信用卡，全球通用。境外五大集团（万事达卡组织、维萨国际组织、美国运通公司、JCB 信用卡公司和大莱信用卡公司）分别发行的万事达卡（Master Card）、维萨卡（VISA Card）、运通卡（American Express Card）、JCB 卡（JCB Card）和大莱卡（Diners Club Card）多数属于国际卡。

（2）地区卡。地区卡是一种只能在发行国国内或一定区域内使用的信用卡。我国商业银行所发行的各类信用卡大多数属于地区卡。

（三）信用卡的适用范围

凡在中国境内金融机构（经中国人民银行批准发卡机构）开立基本存款账户的单位，可以申请单位卡。单位卡可申请若干张，持卡人资格由申请单位法定代表人或者委托的代理人书面指定或注销。

二、信用卡结算的基本规定

1. 单位申请信用卡，应按规定填写申请表，经发卡银行批准，持支票和银行进账单及手续费按要求交存一定金额的备用金后，银行为申请单位开户信用卡账户，并发给信用卡。

2. 单位信用卡的资金一律从基本账户存入，不得缴存现金和销货收入款项。

3. 信用卡只能用于 10 万元以下的商品交易、劳务供应的款项结算，但不得支取现金。

4. 透支额度的规定。银行为了控制风险，对单位信用卡的使用进行了严格的规定，规定如下：

（1）单位卡的单笔透支发生额不得超过 5 万元（含等值外币）。

（2）单位卡同一账户的月透支余额不得超过发卡银行对该单位综合授信额度的 3%。无综合授信额度可参照的单位，月透支余额不得超过 10 万元（含等值外币）。

（3）准贷记卡的透支期限最长为 60 天。贷记卡的首月最低还款额不得低于其当月透支余额的10%。

5. 信用卡仅限于合法持卡人本人使用，不得出租或转借。

6. 信用卡的销户。持卡人不需要继续使用信用卡的，在还清透支本息后，在下列情况下，可以办理销户手续：

（1）信用卡有效期满45天后，持卡人不更换新卡的。

（2）信用卡挂失满45天后，没有附属卡且不更换新卡的。

（3）信用卡被列入止付名单，发卡银行已收回其信用卡45天的。

（4）持卡人要求销户或者担保人撤销担保，并已交回全部银行卡45天的。

（5）信用卡账户两年以上（含两年）未发生交易的。

（6）持卡人违反其他规定，发卡银行认为应该取消其资格的。

发卡银行办理销户时，应当收回信用卡，有效信用卡无法收回的，应当将其止付。

三、信用卡结算流程

持卡人持信用卡消费时，应按以下流程进行：

（一）持卡人将信用卡和身份证一并交特约单位

如果信用卡属智能卡、照片卡，可免验身份证件。特约单位不得拒绝受理持卡人合法持有的、签约银行发行的有效信用卡，不得因持卡人使用信用卡而向其收取附加费用。

（二）特约单位应审查信用卡

特约单位受理信用卡结算业务时，应审查下列事项：

1. 确为本单位受理的信用卡。

2. 信用卡在有效期内，未列入止付名单，没有非正常签名的字样。

3. 签名条上没有“样卡”或“专用卡”等字样。

4. 信用卡无打孔、剪角、毁坏或涂改的痕迹。

5. 持卡人身份证件或卡片的照片与持卡人相符，但使用智能卡、照片卡或持卡人凭密码在销售终端上消费、购物的，可免验身份证件。

6. 卡片正面的拼音姓名与卡片背面的签名、身份证件上的姓名一致。

（三）办理结算手续

特约单位受理信用卡结算业务时，经审查无误后，在签购单上压卡，填写实际结算金额、用途、持卡人身份证件号码、特约单位名称和编号。如超过支付限额的，应向发卡银行索取并填写授权号码，交持卡人签名确认，同时核对其签名与卡片背面签名是否一致。经审查无误后，对同意按经办人填写的金额和用途付款的，由持卡人在签购单上签名确认，特约单位将信用卡、身份证件和第一联签购单交给持卡人。特约单位在每日营业终了时，应将当日受理的信用卡签购单汇总，计算手续费和净计金额，并填写汇计单和进账单，连同签购单一并送交收单银行办理进账。收单银行接到特约单位送交的各种单据，经审查无误后，为特约单位办理进账。

四、信用卡结算业务账务处理

企业应填制“信用卡申请表”，连同支票和有关资料一并送存发卡银行，根据银行盖章退回的进账单第一联，借记“其他货币资金——信用卡”科目，贷记“银行存款”科目；企业用信用卡购物或支付有关费用，收到开户银行转来的信用卡存款的付款凭证及所附发票账单，借记“管理费用”等科目，贷记“其他货币资金——信用卡”科目；企业信用卡在使用过程中，需要向其账户续存资金的，应借记“其他货币资金——信用卡”科目，贷记“银行存款”科目；企业的持卡人如不需要继续使用信用卡时，应持信用卡主动到发卡银行办理销户，销卡时，信用卡余额转入企业基本存款账户，不得提取现金，借记“银行存款”，贷记“其他货币资金——信用卡”科目。

任务实施

2019 年 3 月 5 日，北京市辰新商贸有限公司为本单位申领工商银行的信用卡一张，用银行存款存入 100 000 元。

二维码 3.6
《中国人民银行关于信用卡业务有关事项的通知及解读》

实施步骤：

第一步：会计人员根据转账支票存根、银行盖章退回的进账单和业务收费凭证编制记账凭证（见表 3－68 至表 3－70）。

表 3－68

中国农业银行
转账支票存根
浙江某织华印刷有限公司·2011年印制
附加信息
出票日期 2019 年 03 月 05 日
收款人：北京市辰新商贸
金 额：100000
用 途：申领信用卡
单位主管 马进 会计 孙娟

表 3－69

中国工商银行进账单（收账通知） 3

2019 年3 月5 日

出票人	全称	北京市辰新商贸有限公司	收款人	全称	北京市辰新商贸有限公司
	账号	68538042		账号	68538042
	开户银行	工商银行北京市马神庙支行		开户银行	工商银行北京市马神庙支行
金额	人民币（大写）	壹拾万元整		千百十万千百十元角分	¥10000000
票据种类	转账支票	票据张数	1		
票据号码	674689098				
	复核 李宏	记账 孙娟		中国工商银行马神庙支行 转讫章	收款人开户银行盖章

此联是收款人开户银行交给收款人的收账通知

表 3－70

付 款 凭 证

2019年 03 月 05 日　　付字 05 号

摘要	总账科目	明细科目	√	借方余额	贷方余额
申领信用卡	其他货币资金	信用卡存款		10000000	
	银行存款	农业银行			10000000
合计				¥10000000	¥10000000

会计主管 李宏　记账 周云　出纳 周云　稽核 李宏　填制 孙娟

（附件 2 张）

第二步：出纳人员根据审核无误的记账凭证登记日记账。

任务十 完成银行存款的清查

任务导入

辰新商贸有限公司出纳员周云每月进行一次银行对账。8 月 1 日，周云在银行存款日记账上输入期初数据，2 日到企业开户银行领取银行对账单（或者在网银上下载 7 月份的对账单），8 月 3 日，将企业 7 月份银行存款日记账与 7 月银行对账单进行核对，出具“银行存款调节表”。

知识准备

银行存款的清查是采用与开户银行核对账目的方法进行的，即通过将本单位的银行存款日记账与开户银行转来的对账单逐笔进行核对，来查明银行存款的账存数与实有数额。银行存款的清查一般在月末进行。

一、银行存款日记账与银行对账单不一致的原因

将截止到清查日所有银行存款的收付业务都登记入账后，对发生的错账、漏账应及时查清更正，再与银行的对账单逐笔核对。如果二者余额相符，通常说明没有错误；如果二者余额不相符，则可能是企业或银行一方或双方记账过程有错误，经确定后企业应立即更正；属于银行方面的记账差错，应通知银行更正。如果双方均无错误，企业的银行存款日记账余额与银行对账单余额往往也不一致，这种不一致一般是由未达账项造成的。

所谓未达账项是指企业和开户银行之间，对于同一款项的收付业务，由于凭证传递时间和记账时间的不同，发生一方已经入账而另一方尚未入账的款项。企业与开户银行之间的未达账项，有以下四种情况：

（1）企业已收，银行未收：即企业已收款入账，而银行尚未收款入账。例如，企业销售产品收到支票，送存银行后，可根据银行盖章后返回的“记账单”回单联登记银行存款的增加，而银行则要等款项收妥后再记增加。如果此时对账，就会出现企业已记银行存款增加，而开户银行尚未记增加的情况。

（2）企业已付，银行未付：即企业已付款入账，而银行尚未付款入账。例如，企业开出一张支票支付购料款，企业可根据支票存根登记银行存款的减少，而此时银行由于尚未接到支付款项的凭证尚未记减少。如果此时对账，就会出现企业已记银行存款减少，而开户银行尚未记减少的情况。

（3）银行已收，企业未收：即银行已收款入账，而企业尚未收款入账。例如，外地某单位给本企业汇来款项，银行收到汇款单后，马上登记企业银行存款增加，而企业由于尚未收到收账通知而未登记银行存款增加。如果此时对账，就会出现开户银行已记企业银行存款增加，而企业尚未记增加的情况。

（4）银行已付，企业未付：即银行已付款入账，而企业尚未付款入账。例如，银行收取企业借款的利息，银行已从企业存款账户中收取并已记作企业银行存款减少，而企业尚未接到银行计付利息通知单，尚未记作银行存款的减少。如果此时对账，就会出现银行已记企业银行存款减少，而企业尚未记减少的情况。

知识扩展

未达账项的核对周期没有硬性的规定，出纳人员可以根据自己所任职企业的业务多少灵活选择。一般情况下，业务不多的企业可以在月末对账，业务多的可以在对账单满页时核对，也可以通过网上银行、电话银行等随时核对。

上述任何一种未达账项的存在，都会造成企业银行存款日记账的余额和银行对账单的余额不符。因此，在清查银行存款时，如果发现存在未达账项，应通过编制“银行存款余额调节表”，确定企业银行存款实有数。“银行存款余额调节表”的格式如表 3 – 71 所示。

表 3 – 71 **银行存款余额调节表**

年 月 日

单位名称： 开户银行： 账号：

项 目	金 额	项 目	金 额
企业银行存款日记账余额 加：银行已收，企业未收款 减：银行已付，企业未付款		开户银行对账单余额 加：企业已收，银行未收款 减：企业已付，银行未付款	
调节后的存款余额		调节后的存款余额	

会计主管： 制单：

二、银行存款清查的步骤

银行存款的清查按以下四个步骤进行，如图 3 – 18 所示。

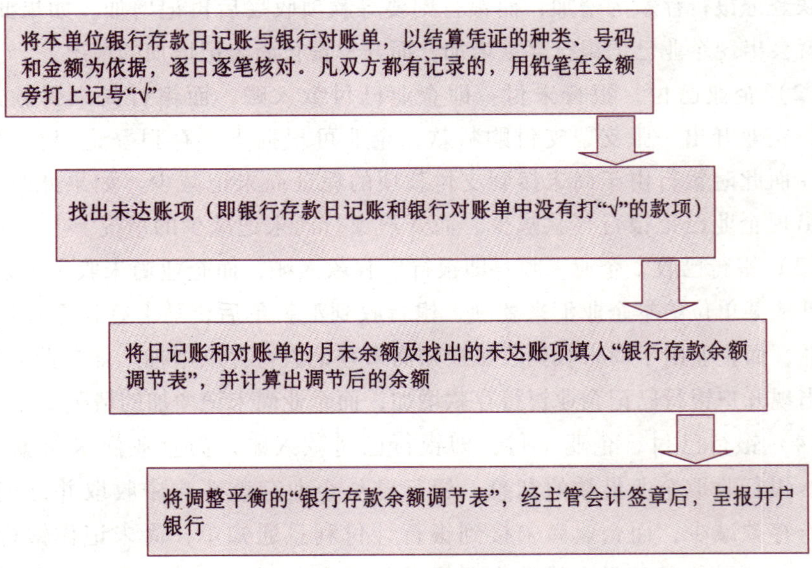

图 3 – 18 银行存款清查步骤图

凡有几个银行户头以及设有外币存款户头的单位，应分别按存款户头开设“银行存款日记账”。每月月底，应分别将各户头的“银行存款日记账”与各户头的“银行对账单”核对，并分别编制各户头的“银行存款余额调节表”。

“银行存款余额调节表”的编制，是以双方账面余额为基础，各自分别加上对方已收款入账而己方尚未入账的数额，减去对方已付款入账而己方尚未入账的数额。其计算公式如下：

企业银行存款日记账余额＋银行已收企业未收款－银行已付企业未付款＝银行对账单余额＋企业已收银行未收款－企业已付银行未付款

知识扩展

在实际工作中，银行已收企业未收和银行已付企业未付的每笔款项，正常情况下，在本月月初可以在银行拿到回单，不会超过一个月，如果出现遗失回单的情况，要及时去银行补齐回单，尽量在月内处理完。拖延时间过长，一方面不利于查清造成该笔款项的缘由，另一方面也不利于对资金的有效使用。如果有未勾销的企业已收银行未收的情况，需要着重查看企业票据支付记录。如果票据开出日期超过有效期而银行还未支付的，应主动与客户联系，要求收回过期票据并作废。一般企业已收银行未收不会超过一个月，企业已付银行未付原则上要求在到期当月处理完。

任务实施

任务实施　查找未达账项并编制银行存款余额调节表。

2019年4月30日，北京辰新商贸有限公司将银行存款日记账账面记录与银行出具的对账单记录如表3－72、表3－73所示。

表3－72

银行存款日记账　　1

2019年 月	日	凭证编号	摘要	对应科目	借方（百十万千百十元角分）	✓	贷方（百十万千百十元角分）	✓	余额（百十万千百十元角分）
6	1	略	期初余额						60000000
6	3		销售产品		38000000				98000000
6	5		收到货款		20000000				118000000
6	10		支付货款				60000000		58000000
6	16		销售产品		32000000				90000000
6	20		提取现金				17000000		73000000
6	29		支付货款				4000000		69000000
6	30		销售产品		15000000				84000000

表 3－73

中国工商银行客户存款对账单

币种：人民币（本位币）　　单位：元　　2019年

账号：23456798731	开户单位：北京市辰新商贸有限公司				上页余额：600 000.00	
日期	凭证种类	凭证号	摘要	借方发生额	贷方发生额	余额
06-01			结余			600 000.00
06-03	支票	00439	存入		380 000.00	980 000.00
06-06	支票	00156	存入		200 000.00	1 180 000.00
06-11	支票	00127	支取	600 000.00		580 000.00
06-17	支票	00649	存入		320 000.00	900 000.00
06-26	支票	00193	支取	40 000.00		860 000.00
06-27	支票	00187	存入		130 000.00	990 000.00
06-30	支票	00198	支取	90 000.00		900 000.00

实施步骤：

第一步：核对未达账项，北京市辰新商贸有限公司核对的未达账项结果如表 3－74、表 3－75 所示。

表 3－74

银 行 存 款 日 记 账　　1

2019 年		凭证编号	摘　要	对应科目	借方	✓	贷方	✓	余额
月	日				百十万千百十元角分		百十万千百十元角分		百十万千百十元角分
6	1	略	期初余额						60000000
6	3		销售产品		38000000	✓			98000000
6	5		收到货款		20000000	✓			118000000
6	10		支付货款				60000000	✓	58000000
6	16		销售产品		32000000	✓			90000000
6	20		提取现金				17000000		73000000
6	29		支付货款				4000000	✓	69000000
6	30		销售产品		15000000				84000000

表 3－75

中国工商银行客户存款对账单

币种：人民币（本位币）　　单位：元　　2019年

账号：23456798731	开户单位：北京市辰新商贸有限公司							上页余额：600 000.00
日期	凭证种类	凭证号	摘要	借方发生额		贷方发生额		余额
06-01			结余					600 000.00
06-03	支票	00439	存入			380 000.00	√	980 000.00
06-06	支票	00156	存入			200 000.00	√	1 180 000.00
06-11	支票	00127	支取	600 000.00	√			580 000.00
06-17	支票	00649	存入			320 000.00	√	900 000.00
06-26	支票	00193	支取	40 000.00	√			860 000.00
06-27	支票	00187	存入			130 000.00		990 000.00
06-30	支票	00198	支取	90 000.00				900 000.00

第二步：找出未达账项，编制银行存款余额调节表，如表 3－76 所示。

表 3－76

银行存款余额调节表

2019 年 4 月 30 日

单位名称：北京市辰新商贸有限公司　　开户银行：工商银行北京市马神庙支行　　账号：23456798731

项　目	金　额	项　目	金　额
企业银行存款日记账余额	840 000	开户银行对账单余额	900 000
加：银行已收，企业未收款	130 000	加：企业已收，银行未收款	150 000
减：银行已付，企业未付款	90 000	减：企业已付，银行未付款	170 000
调节后的存款余额	880 000	调节后的存款余额	880 000

会计主管：李宏　　　　　　　　　　　　　　制单：周云

任务拓展

北京辰新商贸有限公司 2019 年 7 月基本存款账户的“银行存款日记账”和 7 月底开户银行送来的“银行对账单”，如表 3－77 和表 3－78 所示。

要求：查找北京辰新商贸有限公司 2019 年 7 月的未达账项并编制“银行存款余额调节表”（见表 3－79）。

表 3－77

银行存款日记账　　1

2019 年 月	日	凭证编号	摘　要	对应科目	借方（百十万千百十元角分）	✓	贷方（百十万千百十元角分）	✓	余额（百十万千百十元角分）
7	1		期初余额						50000000
7	3		销售产品		38000000				88000000
7	5		收到货款		9000000				97000000
7	10		支付货款				40000000		57000000
7	16		销售产品		2000000				59000000
7	20		提取现金				3600000		55400000
7	29		支付货款				7000000		48400000
7	31		销售产品		11000000				59400000

表 3－78

中国工商银行客户存款对账单

币种：人民币（本位币）　　单位：元　　2019年

账号：23456798731		开户单位：北京市辰新商贸有限公司				上页余额：500 000.00
日期	凭证种类	凭证号	摘要	借方发生额	贷方发生额	余额
07-01			结余			500 000.00
07-03	支票	00439	存入		380 000.00	880 000.00
07-11	支票	00127	支取	400 000.00		480 000.00
07-17	支票	00649	存入		20 000.00	500 000.00
07-26	支票	00193	支取	70 000.00		430 000.00
07-27	支票	00187	存入		50 000.00	480 000.00
07-31	支票	00198	支取	80 000.00		400 000.00

表 3－79

银行存款余额调节表

2019 年 7 月 31 日

单位名称：北京市辰新商贸有限公司　　开户银行：工商银行北京市马神庙支行　　账号：23456798731

项　目	金　额	项　目	金额
银行存款日记账余额 加：银行已收，企业未收 减：银行已付，企业未付		银行对账单余额 加：企业已收，银行未收 减：企业已付，银行未付	
调节后存款余额		调节后存款余额	

项目四
其他相关业务办理

网银结算、社会保险、工资发放及相关费用的报销是出纳实务中的一项重要工作，也是一个单位内控管理的重要组成部分。本项目主要通过讲解网银结算、社会保险、工资发放及相关费用的报销，帮助相关会计工作人员提升对工资、社会保险及各种报销业务的执业能力。

项目导航

知识目标	技能目标	职业目标
➢ 熟悉工资、社会保险、住房公积金及各种费用报销核算岗位职责 ➢ 熟悉工资、社会保险和住房公积金及各种费用报销的相关制度	➢ 认识职工薪酬计算分配及发放过程中涉及的原始凭证 ➢ 掌握职工薪酬计算、发放的程序和方法	➢ 掌握工资、社会保险及各种费用报销核算能力 ➢ 具备发放工资和缴纳社会保险，各种费用报销的处理能力

任务一　办理网银结算业务

任务导入

2019 年 3 月 12 日，辰新商贸有限公司向三江电子设备厂采购 10 台笔记本电脑作为办公用品，每台笔记本电脑含税单价 7 020 元，共计 70 200 元，通过网银支付相应的款项，取得三江电子设备厂开具的增值税专用发票，请问辰新商贸有限公司出纳如何处理？

知识准备

一、网银结算的概念、特点及规定

（一）网银结算的概念及特点

1. 网银又称网络银行、在线银行或电子银行，它是各银行在互联网中设立的虚拟柜台，银行利用网络技术，通过互联网向客户提供开户、销户、查询、对账、行内转账、跨行转账、信贷、网上证券、投资理财等传统服务项目，使客户足不出户就能够安全、便捷地管理活期和定期存款、支票、信用卡、结算及个人投资等业务。

2. 企业网上银行主要针对企业与政府部门等企业、事业单位客户。企业、事业单位可以通过企业网上银行服务实时了解企业财务运作情况，及时在单位内部调配资金，轻松处理大批量的网上支付和工资发放业务及相关业务。

（二）网银结算的规定

1. 以网上银行方式支付款项，应严格执行制单、提交支付、授权批准岗位分设制度，相关经办人员不得相互间及向第三方透露操作密码，不得一人完成网上银行付款的全过程。为保证公司网上银行资金的安全，银行出纳员和资金调度应不定期地修改操作密码。

2. 对银行预留印鉴章、网上银行上网U盾以及支付密码器应分别由银行出纳员和资金调度负责保管，严禁一人保管支付款项所需的全部印章和密码器。

3. 实行网上银行支付时，应先由出纳人员根据凭证逐笔足额办理支付手续，出纳人员操作完成后，由资金调度分别对凭证、客户名、客户账号、金额等项目进行复核，复核一致后，方能使用U盾进行实际支付。支付流程完毕后，资金调度应按日期打印出网上银行支付清单，由财务监察不定期进行复核。

任务二　办理社会保险业务

任务导入

2019年3月20日，出纳周云收到一张工资明细表，栏内有各位职工的岗位工资、奖金、职务补贴、交通补贴、综合补贴、社会保险、住房公积金和实际发放工资，请问出纳应如何处理？

知识准备

一、职工薪酬的内容

（一）职工工资、奖金、津贴和补贴

1. 工资是指支付给职工的计时工资和计件工资。

2. 奖金是指支付给职工的超额劳动报酬和增收节支的劳动报酬。

3. 津贴和补贴是指为了补偿职工特殊或额外的劳动消耗和因其他特殊原因支付给职工的津贴，以及为了保证职工工资水平不受物价影响而支付的物价补贴。

（二）职工福利费

职工福利费主要包括职工因公负伤赴外地就医路费、职工生活困难补助、未实行医疗统筹企业职工医疗费用，以及按规定发生的其他职工福利支出。

（三）医疗保险费、养老保险费、失业保险费、工伤保险费和生育保险费等社会保险费

1. 社会保险费是指企业按照国务院、各地方人民政府规定的基准和比例计算，向人社局缴纳的养老保险费、医疗保险费、失业保险费、工伤保险费和生育保险费。

2. 根据我国养老保险制度相关规定，企业为职工缴纳基本养老保险的比例，一般不得超过企业工资总额的20%。

（四）住房公积金

住房公积金是指企业按照国家规定的基准和比例计算，向住房公积金管理机构缴存的住房公积金，缴存比例不得超过工资总额的12%。

（五）工会经费和职工教育经费

工会经费和职工教育经费是指企业根据《中华人民共和国工会法》的规定，为了改善职工文化生活，为职工学习先进技术和提高文化水平和业务素质，用于开展工会活动和职工教育及职业技能培训等相关支出。

（六）非货币性福利

非货币性福利是指企业以自己的产品或外购商品发放给职工的福利。

（七）辞退福利

辞退福利是指企业在职工劳动合同尚未到期之前解除与职工的劳动关系等情况下根据国家有关规定给予职工的经济补偿。

二、以应发工资为基数，企业和个人承担的社会保险费率及住房公积金计提率（见表4-1）

表4-1

名称	企业承担部分比例	个人承担部分比例
养老保险	20%	8%
医疗保险	8%	2% +3

续表

名称	企业承担部分比例	个人承担部分比例
失业保险	1.5%	0.5%
生育保险	0.8%	—
工伤保险	0.5%	—
住房公积金	10%	10%
工会经费	2%	—
职工教育经费	2.5%	—

三、账务处理（见表4-2）

表4-2

业务内容	账务处理
每月计提工资和社保公积金时，按照应付各部门人员工资的金额确认相关的成本费用	借：生产成本（生产部门人员的职工薪酬） 制造费用（车间管理人员的职工薪酬） 管理费用（管理部门人员的职工薪酬） 销售费用（销售部门人员的职工薪酬） 贷：应付职工薪酬——工资
企业承担的社会保险及住房公积金	借：管理费用——住房公积金 ——社会保险 销售费用——住房公积金 ——社会保险 生产成本——住房公积金 ——社会保险 制造费用——住房公积金 ——社会保险 研发支出——住房公积金 ——社会保险 贷：应付职工薪酬——住房公积金 ——社会保险
个人承担的社会保险、住房公积金和应缴纳的个人所得税从应发工资中扣除，则相应的账务处理	借：应付职工薪酬——工资 贷：其他应付款——住房公积金 ——社会保险 应交税费——应交个人所得税
缴纳住房公积金时	借：应付职工薪酬——住房公积金 其他应付款——住房公积金 贷：银行存款

四、业务处理流程图

缴纳社会保险费和住房公积金（见图 4－1）。

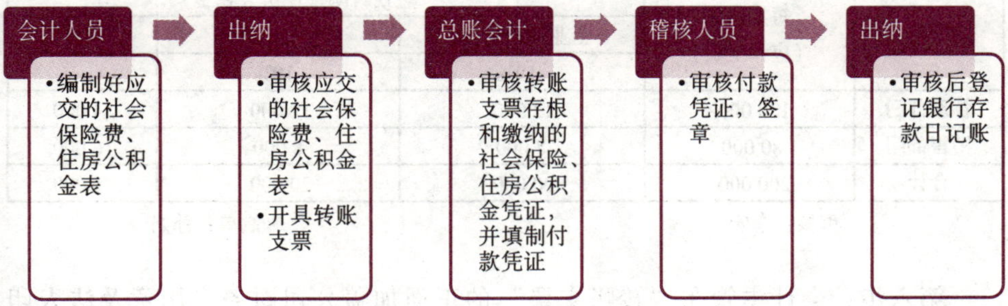

图 4－1

任务实施

任务实施一 住房公积金的确认

北京辰新商贸有限公司 2019 年 2 月份应付工资总额为 200 000 元，填制“工资费用分配汇总表”。

实施步骤：

第一步：收集、审核工资结算单，编制“职工薪酬结算汇总表”（见表 4－3）。

表 4－3

职工薪酬结算汇总表

2019年2月

部门	短期薪酬				代扣工资						实发工资
	基本工资	岗位工资	各种补贴	应付工资	养老保险	医疗保险	失业保险	住房公积金	个人所得税	代扣合计	
					8%	2%	1%	10%			
管理部门	80 000	24 000	16 000	120 000	9 600	2 400	1 200	12 000	2 000	17 600	102 400
销售部门	60 000	12 000	8 000	80 000	6 400	1 600	800	8 000	1 000	11 400	68 600
合计	140 000	36 000	24 000	200 000	16 000	4 000	2 000	20 000	3 000	29 000	171 000

审核：李宏　　　　制单：孙娟

第二步：编制审核“住房公积金计算表”（见表 4－4）。

第三步：会计人员将编制好的工资表和住房公积金计算表交由分管领导审批，也可以与社会保险费计算表一并审核批准。

第四步：领导审批后交由出纳人员。

第五步：出纳人员填写“支票领用登记簿”交给会计主管审核签字，并按要求填写“转账支票及存根”。

表 4－4

住房公积金计算表

2019年2月

部门	短期薪酬（应付工资）	短期薪酬（住房公积金）		
		企业承担部分	个人承担部分	小计
		10%	10%	
管理部门	120 000	12 000	12 000	24 000
销售部门	80 000	8 000	8 000	16 000
合计	200 000	20 000	20 000	40 000

审核：李宏　　　　制单：孙娟

第六步：会计主管在“转账支票”的正面加盖公司财务专用章及法人印章（如果该章在其他工作人员处，还需另外找相关人员加盖此章），在支票背面加盖公司财务专用章。

第七步：出纳将转账支票正联剪下，交由开户银行，办理转账业务，缴纳住房公积金（见表 4－5）。

表 4－5

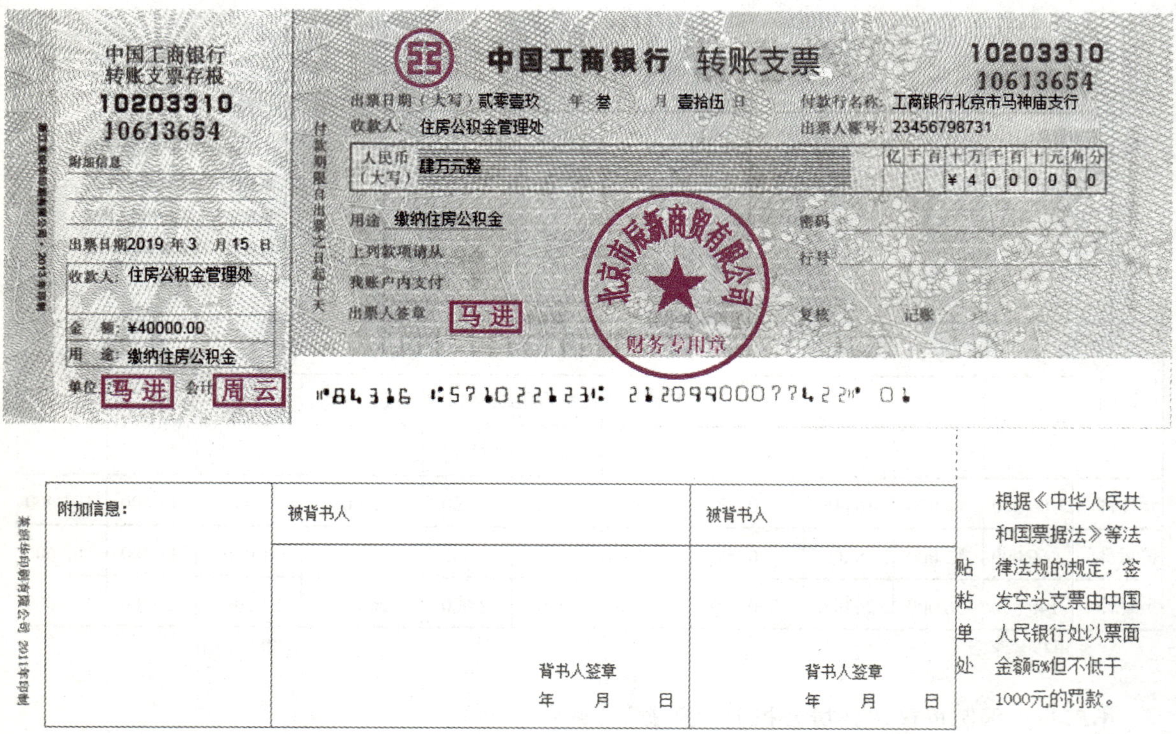
中国工商银行 转账支票存根
10203310
10613654
附加信息
出票日期2019 年 3 月 15 日
收款人：住房公积金管理处
金 额：¥40000.00
用 途：缴纳住房公积金
单位 马进 会计 周云

中国工商银行 转账支票 10203310 10613654
出票日期（大写）贰零壹玖 年 叁 月 壹拾伍 日　付款行名称：工商银行北京市马神庙支行
收款人：住房公积金管理处　出票人账号：23456798731
人民币（大写）肆万元整　¥ 4 0 0 0 0 0 0
用途 缴纳住房公积金　密码
上列款项请从　行号
我账户内支付
出票人签章 马进　复核　记账
付款期限自出票之日起十天
北京市辰新商贸有限公司 财务专用章

附加信息：
被背书人　被背书人
背书人签章 年 月 日　背书人签章 年 月 日
贴粘单处
根据《中华人民共和国票据法》等法律法规的规定，签发空头支票由中国人民银行处以票面金额5%但不低于1000元的罚款。

表 4－6

住房公积金汇（补）缴书

2019 年　3　月　15　日　　附清册　1　张

<table>
<tr><td rowspan="3">收款单位</td><td>全　　称</td><td>北京市辰新商贸有限公司</td><td rowspan="3">缴款单位</td><td>全　　称</td><td>北京市辰新商贸有限公司</td></tr>
<tr><td>公积金账号</td><td>410088880007</td><td>账　　号</td><td>23456798731</td></tr>
<tr><td>开户银行</td><td>工商银行北京市马神庙支行</td><td>开户银行</td><td>工商银行北京市马神庙支行</td></tr>
<tr><td colspan="2">汇缴类型</td><td>汇缴时间</td><td colspan="2">金　额</td><td rowspan="3">汇缴人数：20 人</td></tr>
<tr><td colspan="2">汇缴 ☑　补缴 ☐</td><td>2019 年 2 月—2 月</td><td colspan="2">百 十 万 千 百 十 元 角 分</td></tr>
<tr><td colspan="3">缴款方式：转账 ☑　现金 ☐</td><td colspan="2">¥ 4 0 0 0 0 0 0</td></tr>
<tr><td colspan="6">金额(人民币大写)　零 佰 零 拾 肆 万 零 仟 零 佰 零 拾 零 元 零 角 零 分</td></tr>
</table>

上月汇缴		本月增加汇缴		本月减少汇缴		本月汇缴	
人数	金额	人数	金额	人数	金额	人数	金额

上述款项已划转至市住房公积金管理中心住房公积金账户内。（银行盖章 ）

中国工商银行 北京马神庙支行 转讫

第四联　银行盖章后退缴款单位记账

第八步：出纳回单位后及时将银行开具的凭证、住房公积金汇缴书和支票存根传递给总账会计填制付款凭证（见表 4－7）。

表 4－7

付款凭证

字第 1　号

贷方科目：银行存款　　2019 年 3 月 20 日　　附件 2 张

对方单位	摘要	借方科目：总账科目	借方科目：明细科目	金额（千百十万千百十元角分）	记账符号
住房公积金管理	缴纳住房公积金	应付职工薪酬	住房公积金	2 0 0 0 0 0 0	☑
		其他应付款	住房公积金	2 0 0 0 0 0 0	☑
					☐
					☐
					☐
银行结算方式及票号：			合计	¥ 4 0 0 0 0 0 0	☐

会计主管 李宏　记账 周云　稽核 李宏　出纳 周云　制证 孙娟

杭州青联印刷有限公司出品 211

第九步：出纳根据会计主管审核无误的记账凭证，复核后登记银行存款日记账。

任务实施二　社会保险费的确认

北京辰新商贸有限公司 2019 年 2 月份应付工资总额为 200 000 元，编制“工资费用分配汇总表”。

实施步骤：

第一步：收集、审核工资结算单，编制“职工薪酬结算汇总表”（见表 4－8）。

表 4－8

职工薪酬结算汇总表

2019年2月

部门	短期薪酬				代扣工资						实发工资
	基本工资	岗位工资	各种补贴	应付工资	养老保险	医疗保险	失业保险	住房公积金	个人所得税	代扣合计	
					8%	2%	1%	10%			
管理部门	80 000	24 000	16 000	120 000	9 600	2 400	1 200	12 000	2 000	17 600	102 400
销售部门	60 000	12 000	8 000	80 000	6 400	1 600	800	8 000	1 000	11 400	68 600
合计	140 000	36 000	24 000	200 000	16 000	4 000	2 000	20 000	3 000	29 000	171 000

审核：李宏　　　　制单：孙娟

第二步：编制审核企业承担的“社会保险费计算表”（见表 4－9）。

表 4－9

社会保险费计算表

2019年2月

部门	短期薪酬					离职后福利				小计
	应付工资	医疗保险		工伤保险	生育保险	养老保险		失业保险		
		企业承担部分	个人承担部分	全部企业承担	全部企业承担	企业承担部分	个人承担部分	企业承担部分	个人承担部分	
		8.00%	2.00%	0.50%	0.50%	20.00%	8.00%	2.00%	1.00%	
管理部门	120 000	9 600	2 400	600	600	24 000	9 600	2 400	1 200	50 400
销售部门	80 000	6 400	1 600	400	400	16 000	6 400	1 600	800	33 600
合计	200 000	16 000	4 000	1 000	1 000	40 000	16 000	4 000	2 000	84 000

审核：李宏　　　　制单：孙娟

第三步：会计人员编制好工资表和个人承担的各种社会保险和住房公积金后，交由分管领导审批。

第四步：领导审批后交由出纳。

第五步：出纳人员填写“支票领用登记簿”交给会计主管审核签字，并按要求填写“转账支票及存根”。

第六步：会计主管在“转账支票”的正面加盖公司财务专用章及法人印章（如果该章在其他工作人员处，还需另外找相关人员加盖此章），在支票背面加盖公司财务专用章。

第七步：出纳将转账支票正联剪下，交由开户银行，办理转账业务缴纳社会保险（见表 4－10、表 4－11）。

表 4－10

中国工商银行
转账支票存根
10203310
10613654

附加信息

出票日期2019 年 3 月 14 日

收款人：北京市人社局

金　额：¥84 000.00

用　途：缴纳社会保险

单位主管 马进　会计 周云

中国工商银行　转账支票　10203310 10613654

出票日期（大写）贰零壹玖 年 叁 月 壹拾肆 日　付款行名称：工商银行北京市马神庙支行

收款人：北京市人社局　出票人账号：23456798731

付款期限自出票之日起十天

人民币（大写）	捌万肆仟元整	亿	千	百	十	万	千	百	十	元	角	分
					¥	8	4	0	0	0	0	0

用途 缴纳社会保险　密码

上列款项请从　行号

我账户内支付

出票人签章 马进　北京市辰新商贸有限公司 财务专用章　复核　记账

⑈84316 ⑆5710221231⑆ 21209900077422⑈ 01

附加信息：	被背书人	被背书人
	背书人签章 年　月　日	背书人签章 年　月　日

粘贴单处

根据《中华人民共和国票据法》等法律法规的规定，签发空头支票由中国人民银行处以票面金额5%但不低于1 000元的罚款。

表 4－11

ICBC 中国工商银行　　凭证

中国工商银行电子缴税付款凭证　　NO 07527963

转账日期：2019 年 03 月 14 日　　凭证字号：025305453

纳税人全称及纳税识别号：北京市辰新商贸有限公司 11230316MA7HDQ540L

付款人名称：北京市辰新商贸有限公司

付款人账号：23456798731　　征收机关名称：北京市税务局

付款人开户银行：工商银行北京市马神庙支行　　收款国库（银行）名称：国家金库北京市海淀区支库

小写（合计）金额：￥84 000.00　　缴款书交易流水号：2931345200007

大写（合计）金额：人民币捌万肆仟元整　　税票号码：004356

税（费）种名称	所属日期	实缴金额
社保费（养老）	20190201－－20190228	￥56 000.00
社保费（医疗）	20190201－－20190228	￥20 000.00
社保费（失业）	20190201－－20190228	￥60 00.00
社保费（工伤）	20190201－－20190228	￥10 00.00
社保费（生育）	20190201－－20190228	￥10 00.00

中国工商银行北京马神庙支行 业务专用章（1）

第 1 次打印　　打印时间：2019 年 03 月 14日

（14.85 公分×21 公分）　第二联　作付款回单（无银行收讫章无效）　复核　记账

第八步：出纳回单位后及时将银行开具的凭证交给会计，将支票存根传递给总账会计填制付款凭证（见表 4－12）。

表 4-12

付款凭证

字第 11 号

贷方科目：银行存款　　2019 年 2 月 20 日　　附件2 张

对方单位	摘要	借方科目		金额										记账符号
		总账科目	明细科目	千	百	十	万	千	百	十	元	角	分	
北京市人社局	缴纳社会保险	应付职工薪酬	社会保险			¥	6	2	0	0	0	0	0	
		其他应付款	社会保险			¥	2	2	0	0	0	0	0	
银行结算方式及票号：			合计			¥	8	4	0	0	0	0	0	

会计主管 李宏　　记账 周云　　稽核 李宏　　出纳 周云　　制证 孙娟

第九步：出纳根据会计主管审核无误的记账凭证，复核后登记银行存款日记账。

任务实施三　缴纳工会经费

2019 年 3 月 6 日，北京辰新商贸有限公司按应付工资总额的 2% 缴纳上个月的工会经费 4 000 元。

实施步骤：

第一步：会计人员收集、审核工资结算单，编制好应交工会经费表，交由分管领导审批（见表 4-13）。

表 4-13　　**工会经费计算表**

2019 年 2 月

部门	基本工资	岗位工资	其他补贴	应付职工薪酬	应缴纳的工会经费
管理部门	80 000	24 000	16 000	120 000	2 400
销售部门	60 000	12 000	8 000	80 000	1 600
合计	14 000	36 000	24 000	200 000	4 000

第二步：领导审批后交由出纳。

第三步：出纳人员填写“支票领用登记簿”交给会计主管审核签字，并按要求填写“转账支票及存根”。

第四步：会计主管在“转账支票”的正面加盖公司财务专用章及法人印章（如果该章在其他工作人员处，还需另外找相关人员加盖此章），在支票背面加盖公司财务专用章（见表 4-14 至表 4-17）。

表 4－14

工会专用结算凭证（行政拨交工会经费缴款书）

缴款日期 2019年3月06日

付款单位	全称	北京市辰新商贸有限公司			收款单位	(1) 全称		北京市辰新商贸有限公司工会委员会	金额
	账号	3214154534524				比例 60%	账号	423523523523	万 千 百 十 元 角 分
	开户银行	工商银行北京市马神庙支行					开户银行	工商银行北京市马神庙支行	￥ 2 4 0 0 0 0
所属月份		2019年2月	职工人数	20		(2) 全称		北京市工会委员会	金额
上月职工工资总额		200 000.00	按2%计应交缴经费	4 000.00		比例 40%	账号	4235252342342	万 千 百 十 元 角 分
迟交天数			按1%计应缴滞纳金				开户银行	工商银行北京市皂君庙支行	
合计金额（人民币大写）贰仟肆佰元整									万 千 百 十 元 角 分 ￥ 2 4 0 0 0 0
缴款单位盖章			工会委员会盖章				银行盖章		

表 4－15

ICBC 中国工商银行　　凭证

中国工商银行电子缴税付款凭证　　NO 07528793

转账日期：2019 年 03 月 06 日　　　　凭证字号：025306786

纳税人全称及纳税识别号：北京市辰新商贸有限公司 11230316MA7HDQ540L

付款人名称：北京市辰新商贸有限公司

付款人账号：　3214154534524　　　　征收机关名称：　北京市税务局

付款人开户银行：工商银行北京市马神庙支行　　　　收款国库（银行）名称：　国家金库北京市海淀区支库

小写（合计）金额：　￥1 600.00　　　　缴款书交易流水号：　293134529808

大写（合计）金额：　人民币壹仟陆佰元整　　　　税票号码：　00076876

税（费）种名称	所属日期	实缴金额
工会经费	20190201——20190228	￥1 600.00

第　1　次打印　　　　打印时间：2019 年 03 月 06 日

（14.85 公分×21 公分）　第二联　作付款回单（无银行收讫章无效）　　复核　　记账

表 4－16

中国工商银行
转账支票存根
10203310
10613654
附加信息
出票日期2019 年 3 月6 日
收款人：北京市税务局
金　额：¥4 000.00
用　途：缴纳工会经费
单位主管 马进　会计 周云

中国工商银行　转账支票　10203310　10613654
出票日期（大写）贰零壹玖 年 叁 月 零陆 日　付款行名称：工商银行北京市马神庙支行
收款人：北京市税务局　出票人账号：23456798731
人民币（大写）肆仟元整　¥ 4 0 0 0 0 0
用途　缴纳工会经费　密码
上列款项请从　行号
我账户内支付
出票人签章　马进　北京市辰新商贸有限公司 财务专用章　复核　记账
付款期限自出票之日起十天
⑈84316 ⑆57102212З⑆ 212099000774 22⑈ 01

附加信息：	被背书人	被背书人
	背书人签章 年　月　日	背书人签章 年　月　日

贴粘单处

根据《中华人民共和国票据法》等法律法规的规定，签发空头支票由中国人民银行处以票面金额5%但不低于1 000元的罚款。

表 4－17

付款凭证

字第 30　号

贷方科目：银行存款　　2019　年　3　月　27 日　　附　件1　张

对方单位	摘　要	借方科目		金额										记账符号
		总账科目	明细科目	千	百	十	万	千	百	十	元	角	分	
北京市税务局	缴纳工会经费	应付职工薪酬	工会经费				¥	4	0	0	0	0	0	□
														□
														□
														□
														□
银行结算方式及票号：			合　计				¥	4	0	0	0	0	0	□

会计主管 李宏　记账 周云　稽核 李宏　出纳 周云　制证 孙娟

任务实施四　缴纳个人所得税的确认

北京辰新商贸有限公司 2019 年 3 月 10 日缴纳 2 月份个人所得税3 000元。

实施步骤：

第一步：收集、审核工资结算单，编制“职工薪酬结算汇总表”（见表 4－18）。

表 4－18

职工薪酬结算汇总表

2019年2月

部门	短期薪酬				代扣工资						实发工资
	基本工资	岗位工资	各种补贴	应付工资	养老保险	医疗保险	失业保险	住房公积金	个人所得税	代扣合计	
					8%	2%	1%	10%			
管理部门	80 000	24 000	16 000	120 000	9 600	2 400	1 200	12 000	2 000	17 600	102 400
销售部门	60 000	12 000	8 000	80 000	6 400	1 600	800	8 000	1 000	11 400	68 600
合计	140 000	36 000	24 000	20 0000	16 000	4 000	2 000	20 000	3 000	29 000	171 000

审核：李宏　　　　制单：孙娟

第二步：会计人员编制好应交个人所得税的表，交由分管领导审批。

第三步：领导审批后交给出纳。

第四步：出纳人员填写“支票领用登记簿”交给会计主管审核签字，并按要求填写“转账支票及存根”。

第五步：会计主管在“转账支票”的正面加盖公司财务专用章及法人印章（如果该章在其他工作人员处，还需另外找相关人员加盖此章），在支票背面加盖公司财务专用章（见表 4－19）。

表 4－19

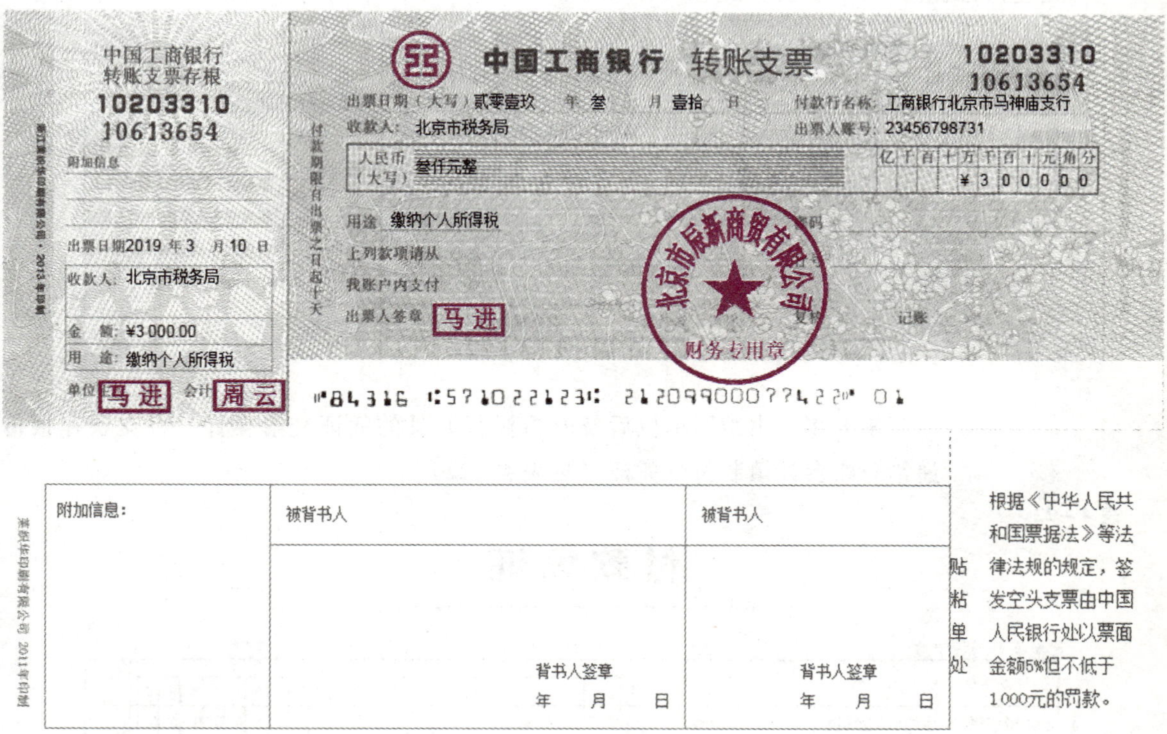
中国工商银行
转账支票存根
10203310
10613654
附加信息
出票日期2019 年 3 月 10 日
收款人：北京市税务局
金 额：¥3 000.00
用 途：缴纳个人所得税
单位主管 马进 会计 周云

中国工商银行 转账支票
10203310
10613654
出票日期（大写）贰零壹玖 年 叁 月 壹拾 日
付款行名称：工商银行北京市马神庙支行
收款人：北京市税务局
出票人账号：23456798731
人民币（大写）叁仟元整
亿 千 百 十 万 千 百 十 元 角 分
¥ 3 0 0 0 0 0
付款期限自出票之日起十天
用途 缴纳个人所得税
上列款项请从
我账户内支付
出票人签章 马进
北京市辰新商贸有限公司 财务专用章
复核 记账

附加信息：
被背书人
背书人签章
年 月 日
被背书人
背书人签章
年 月 日
贴粘单处
根据《中华人民共和国票据法》等法律法规的规定，签发空头支票由中国人民银行处以票面金额5%但不低于1000元的罚款。

第六步：出纳将转账支票正联剪下，交由开户银行，办理转账业务缴纳个人所得税（见表 4－20、表 4－21）。

表 4－20

中华人民共和国
个人所得税完税证明

No

主管税务机关：北京市海淀区税务局　　　　填发日期：2019 年 3 月 10 日

纳税人姓名	北京市辰新商贸有限公司职	纳税人身份证件号码	
纳税项目	税款所属时期	实缴税款	
一、工资薪酬所得	2019年2月	¥3 000	
二、其他各项所得			
金额合计（大写）叁仟元整	¥3 000.00	纳税机关（盖章）	

纳税人作完税凭证

表 4－21

ICBC 中国工商银行　　　　凭证

中国工商银行电子缴税付款凭证　　　　NO 07527903

转账日期：2019 年 03 月 10 日　　　　凭证字号：02530533

纳税人全称及纳税识别号：北京市辰新商贸有限公司 11230316MA7HDQ540L

付款人名称：北京市辰新商贸有限公司
付款人账号：23456798731　　　　征收机关名称：北京市税务局
付款人开户银行：工商银行北京市马神庙支行　　　　收款国库（银行）名称：国家金库北京市海淀区支库
小写（合计）金额：¥3 000.00　　　　缴款书交易流水号：2931345202092
大写（合计）金额：人民币叁仟元整

税（费）种名称	所属日期	实缴金额
个人所得税	20190201－－20190228	¥3 000.00

第 1 次打印　　　　打印时间：2019 年 03 月 10 日

（14.85 公分×21 公分）　第二联　作付款回单（无银行收讫章无效）　复核　记账

第七步：出纳回单位后及时将银行开具的凭证交给会计，将支票存根传递给总账会计填制付款凭证（见表 4－22）。

表 4－22

付款凭证

字第　号

贷方科目：银行存款　　　　2019 年 3 月 10 日　　　　附件　张

对方单位	摘要	借方科目：总账科目	借方科目：明细科目	千	百	十	万	千	百	十	元	角	分	记账符号
北京市税务局	缴纳个人所得税	应交税费	应交个人所得税			¥	3	0	0	0	0	0		
银行结算方式及票号：			合计			¥	3	0	0	0	0	0		

会计主管 李宏　记账 周云　稽核 李宏　出纳 周云　制证 孙娟

杭州青联印刷有限公司出品 211

第八步：出纳根据会计主管审核无误的记账凭证，复核后登记银行存款日记账。

知识链接

2018 年 6 月 19 日，《个人所得税法修正案草案》提请十三届全国人大常委会第三次会议审议，从 2018 年 10 月 1 日起，将个人所得税起征点由 3 500 元提高到 5 000 元。

任务三 进行工资发放处理

任务导入

2019 年 3 月 20 日，出纳周云拿到一张工资表，工资表既有应发工资，个人承担的社会保险，住房公积金和应缴纳的个人所得税，还有实发工资，试问周云应如何发放工资？

知识准备

一、职工工资、奖金、津贴和补贴

（1）工资是指支付给职工的计时工资和计件工资。

（2）奖金是指支付给职工的超额劳动报酬和增收节支的劳动报酬。

（3）津贴和补贴是指为了补偿职工特殊或额外的劳动消耗和因其他特殊原因支付给职工的津贴，以及为了保证职工工资水平不受物价影响而支付的物价补贴。

实际发放的工资是应发工资扣除职工个人承担的社会保险、住房公积金和应缴纳的个人所得税后的余额。

实际发放工资时，有关会计处理如下：

借：应付职工薪酬——工资

　　贷：银行存款

二、业务处理流程图

发放工资和缴纳个人所得税（见图 4－2）。

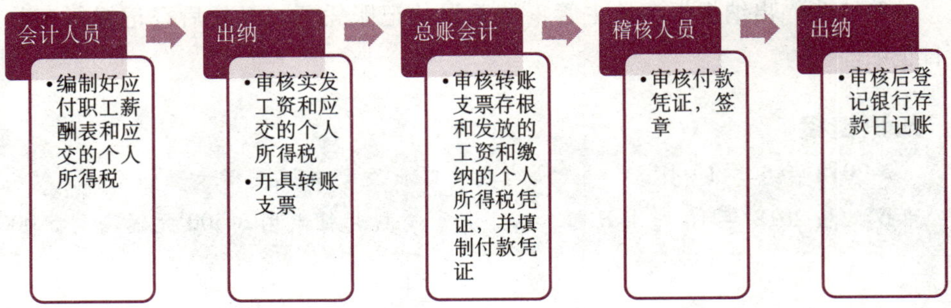

图 4－2

任务实施

任务实施一　发放工资

北京辰新商贸有限公司 2019 年 3 月份应付工资总额为 180 000 元，实际发放工资为 112 970 元，试问出纳周云如何进行账务处理？

实施步骤：

第一步：收集、审核工资结算单，编制“工资发放明细表” （见表 4－23）。

表 4－23　　工资发放明细表

2019 年 3 月 10 日

姓名	基本工资	岗位工资	综合补贴	应付职工薪酬	养老保险	医疗保险	失业保险	住房公积金	个人所得税	代扣合计	实发职工薪酬
马进	40 000	10 000	10 000	60 000	4 800	1 200	600	6 000	8 465	19 865	40 135
李宏	30 000	12 000	8 000	50 000	4 000	1 000	500	5 000	3 595	13 095	36 905
周云	16 000	10 000	4 000	30 000	2 400	6 000	600	3 000	2 025	7 725	22 275
王英	10 000	8 000	2 000	20 000	1 200	400	200	2 000	1 165	4 965	15 035
李明	10 000	8 000	2 000	20 000	1 200	400	200	2 000	1 165	4 965	15 035
合计	106 000	48 000	26 000	180 000	14 400	3 600	1 800	18 000	16 415	50 615	112 970

第二步：出纳人员填写“支票领用登记簿”交给会计主管审核签字，并按要求填写“转账支票及存根”（见表 4－24）。

第三步：会计主管在“转账支票”的正面加盖公司财务专用章及法人印章（如果该章在其他工作人员处，还需另外找相关人员加盖此章），在支票背面加盖公司财务专用章。

第四步：出纳将转账支票正联剪下，交由开户银行，办理转账业务，回单位后及时将银行开具的凭证交给会计。

第五步：出纳回单位后及时将银行开具的凭证交给会计，将支票存根传递给总账会计填制付款凭证（见表 4－25）。

表 4－24

中国工商银行
转账支票存根
10203310
10613654
附加信息
出票日期2019 年 3 月 20 日
收款人：北京市辰新商贸有限公
金　额：¥11 2970.00
用　途：发放工资
单位主管 马进　会计 周云

中国工商银行　转账支票　10203310 10613654
出票日期（大写）贰零壹玖 年 叁 月 贰拾 日　付款行名称：工商银行北京市马神庙支行
收款人：北京市辰新商贸有限公司职工　出票人账号：23456798731
付款期限自出票之日起十天

人民币（大写）	壹拾壹万贰仟玖佰柒拾元整	亿	千	百	十	万	千	百	十	元	角	分
			¥	1	1	2	9	7	0	0	0	

用途　发放工资
上列款项请从
我账户内支付
出票人签章　马进
北京市辰新商贸有限公司 财务专用章
记账

⑈84316 ⑆571022123⑆ 212099000774220⑈ 01

附加信息：	被背书人	被背书人
	背书人签章 年　月　日	背书人签章 年　月　日

贴粘单处

根据《中华人民共和国票据法》等法律法规的规定，签发空头支票由中国人民银行处以票面金额5%但不低于1 000元的罚款。

表 4－25

付款凭证

字第 9 号
附件 1 张

贷方科目：银行存款　　2019 年 3 月 20 日

对方单位	摘要	借方科目 总账科目	明细科目	千	百	十	万	千	百	十	元	角	分	记账符号
	发放工资	应付职工薪酬	工资		¥	1	1	2	9	7	0	0	0	
银行结算方式及票号：			合计											

会计主管 李宏　记账 周云　稽核 李宏　出纳 周云　制证 孙娟

杭州高联印刷有限公司出品 211

第六步：出纳根据会计主管审核无误的记账凭证，复核后登记银行存款日记账。

任务拓展

（1）北京辰新商贸有限公司 2019 年 4 月份应付工资总额为 190 000 元，明细表如表 4－26 所示，试分别计算社会保险费和住房公积金数额（见表

4－27至表4－29）？

表4－26 **应付职工薪酬明细表** 单位：元

2019年4月

姓名	基本工资	岗位工资	综合补贴	应付工资
马进	40 000	10 000	12 000	62 000
李宏	30 000	10 000	12 000	52 000
周云	16 000	10 000	6 000	32 000
王英	10 000	8 000	3 000	21 000
李明	10 000	8 000	5 000	23 000
合计	106 000	46 000	38 000	190 000

表4－27 **社会保险费计算表**

2019年4月

<table>
<tr><td rowspan="4">姓名</td><td colspan="5">短期薪酬</td><td colspan="4">离职后福利</td><td rowspan="4">小计</td></tr>
<tr><td rowspan="3">应付工资</td><td colspan="2">医疗保险</td><td>工伤保险</td><td>生育保险</td><td colspan="2">养老保险</td><td colspan="2">失业保险</td></tr>
<tr><td>企业承担部分</td><td>个人承担部分</td><td>全部企业承担</td><td>全部企业承担</td><td>企业承担部分</td><td>个人承担部分</td><td>企业承担部分</td><td>个人承担部分</td></tr>
<tr><td>10.00%</td><td>2.00% +3</td><td>0.50%</td><td>0.50%</td><td>20.00%</td><td>8.00%</td><td>2.00%</td><td>1.00%</td></tr>
<tr><td>马进</td><td>62 000</td><td></td><td></td><td></td><td></td><td></td><td></td><td></td><td></td><td></td></tr>
<tr><td>李宏</td><td>52 000</td><td></td><td></td><td></td><td></td><td></td><td></td><td></td><td></td><td></td></tr>
<tr><td>周云</td><td>32 000</td><td></td><td></td><td></td><td></td><td></td><td></td><td></td><td></td><td></td></tr>
<tr><td>王英</td><td>21 000</td><td></td><td></td><td></td><td></td><td></td><td></td><td></td><td></td><td></td></tr>
<tr><td>李明</td><td>23 000</td><td></td><td></td><td></td><td></td><td></td><td></td><td></td><td></td><td></td></tr>
<tr><td>合计</td><td>190 000</td><td></td><td></td><td></td><td></td><td></td><td></td><td></td><td></td><td></td></tr>
</table>

审核：李宏　　　　制单：孙娟

表4－28 **住房公积金汇（补）缴书**

年　月　日　　　　附清册　　张

<table>
<tr><td rowspan="3">收款单位</td><td>全　称</td><td></td><td rowspan="3">缴款单位</td><td>全　称</td><td colspan="2"></td></tr>
<tr><td>公积金账号</td><td></td><td>账　号</td><td colspan="2"></td></tr>
<tr><td>开户银行</td><td>工商银行北京市马神庙支行</td><td>开户银行</td><td colspan="2">工商银行北京市马神庙支行</td></tr>
<tr><td colspan="2">汇缴类型</td><td>汇缴时间</td><td colspan="3">金　额</td><td>汇缴人数：人</td></tr>
<tr><td colspan="2">汇缴 √　补缴 □</td><td>年　月一　月</td><td colspan="3">百 十 万 千 百 十 元 角 分</td><td rowspan="2"></td></tr>
<tr><td colspan="3">缴款方式：转账 √　现金 □</td><td colspan="3"></td></tr>
<tr><td colspan="7">金额（人民币大写）　佰　拾　万　仟　佰　拾　元　角　分</td></tr>
</table>

<table>
<tr><td colspan="2">上月汇缴</td><td colspan="2">本月增加汇缴</td><td colspan="2">本月减少汇缴</td><td colspan="2">本月汇缴</td></tr>
<tr><td>人　数</td><td>金　额</td><td>人　数</td><td>金　额</td><td>人　数</td><td>金　额</td><td>人　数</td><td>金　额</td></tr>
<tr><td></td><td></td><td></td><td></td><td></td><td></td><td></td><td></td></tr>
<tr><td colspan="8">上述款项已划转至市住房公积金管理中心住房公积金账户内。（银行盖章）</td></tr>
</table>

中国工商银行 北京马神庙支行 转讫

第四联 银行盖章后退缴款单位记账

表 4-29

银行存款日记账　1

年		凭证编号	摘　要	对应科目	借方	√	贷方	√	余额
月	日				百十万千百十元角分		百十万千百十元角分		百十万千百十元角分

任务四　掌握报销制度及流程

任务导入

2019 年 3 月 24 日，辰新商贸有限公司职工王强出差回来拿来出差时取得的发票到财务处报销差旅费 4 000 元，原预借款项 2 800 元，要求财务处用现金支付，请问会计人员应如何处理？

知识准备

一、职工出差借款的规定及差旅费补助标准

1. 职工因公出差，应根据出差时间长短及距离远近预借差旅费。

2. 伙食补助标准。途中补助每人每天 40 元，住宿补助每人每天 30 元，乘坐车船超过 6 个小时按途中补助，不足 6 个小时为住宿补助。

3. 旅馆住宿标准。

（1）大城市每人每天不得超过180元；中等城市每人每天不得超过140元；小城市每人天不得超过100元。

（2）因参加各种会议，按会议住宿标准据实报销。

4. 车船乘坐标准

（1）对晚上8点以后乘坐时间超过6个小时的出差人员，乘坐火车可购买卧铺车票。

（2）具有高级职称、年龄在50岁以上的人员可以购买火车软卧车票和船舶二等船票，其他人员可以购买火车硬卧车票和船舶三等舱及以下舱位船票。

（3）因特殊业务需要，经公司领导批准可单程乘坐飞机。

5. 借款管理规定

（1）出差借款：出差人员凭审批后的“出差申请表”按批准额度办理借款，出差返回5个工作日内办理报销还款手续。

（2）各项借款金额超过5 000元应提前一天通知财务部备款。

（3）借款销账规定：①借款销账时应以借款申请单为依据，据实报销，超出申请单范围使用的，需经主管领导批准，否则财务人员有权拒绝销账；②借领支票者原则上应在5个工作日内办理销账手续。

（4）借款未还者原则上不得再次借款，逾期未还借款者转为个人借款从工资中扣回。

二、业务处理流程图（见图4－3）

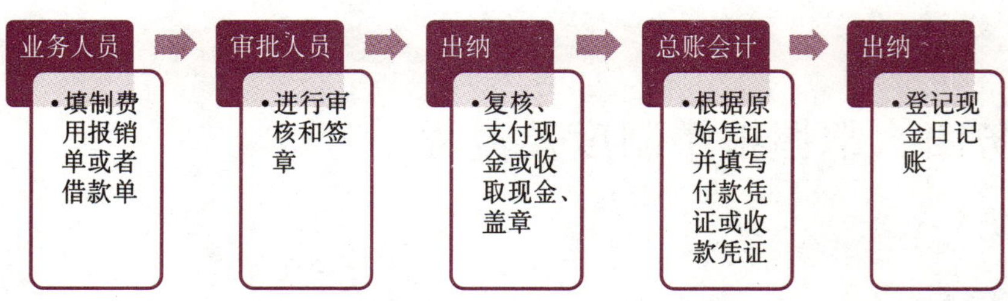

图4－3 报销各种费用通用流程图

任务实施

任务实施一 出差预借差旅费

2017年3月12日，辰新商贸有限公司采购部门张华出差预借差旅费6 000元，出纳开出现金支票，支付采购员张华出差预借款项。

借款流程：

1. 借款人按规定填写“借款单”，注明借款事由、借款金额（大小写须完全一致，不得涂改）、银行存款或现金（见表4－30）。

表 4－30

借款单

2019 年 3 月 12 日　　　资金性质：预借款项

部门：	采购部门	借款人：	张华
借款理由：	采购原材料出差借款		
金额：	大写：人民币陆仟元整		小写：￥6 000.00
领导批示：	马进	财务主管：	李密

部门主管：李佳　　出纳：周云　　领款人签收：张华

2. 审批流程：主管部门经理审核签字→财务经理复核→总经理审批。

3. 财务付款：借款时凭审批后的借款单到财务部办理领款手续（见表 4－31、表 4－32）。

表 4－31

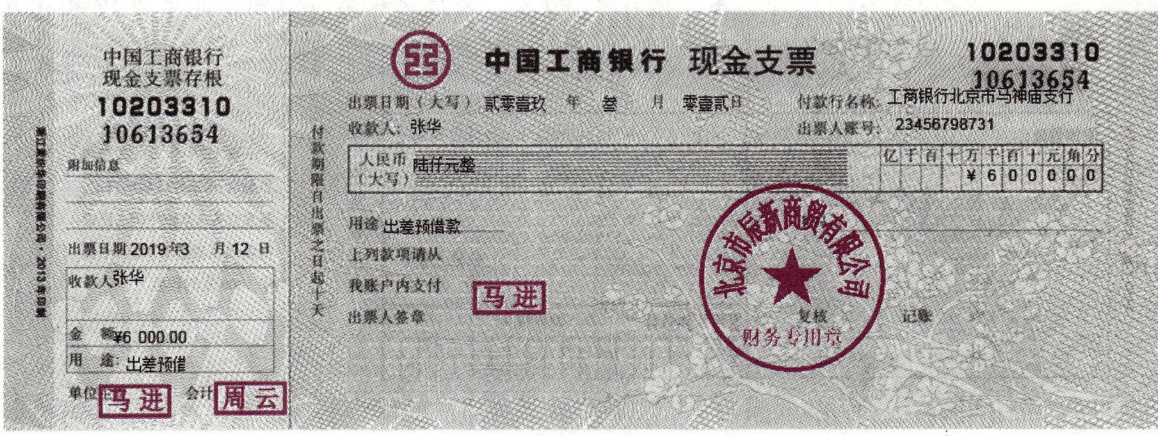
中国工商银行
现金支票存根
10203310
10613654
附加信息
出票日期 2019年3　月 12 日
收款人 张华
金　额 ￥6 000.00
用　途 出差预借
单位主管 马进　会计 周云

中国工商银行　现金支票　10203310　10613654
付款期限自出票之日起十天
出票日期（大写）贰零壹玖　年　叁　月　零壹贰日　付款行名称：工商银行北京市马神庙支行
收款人：张华　出票人账号：23456798731
人民币（大写）陆仟元整　亿千百十万千百十元角分　￥6 0 0 0 0 0
用途 出差预借款
上列款项请从
我账户内支付
出票人签章 马进　北京市辰新商贸有限公司 财务专用章　复核　记账

附加信息：

收款人签章
年　月　日

身份证名称：　　发证机关：

号码

贴粘单处

根据《中华人民共和国票据法》等法律法规的规定，签发空头支票由中国人民银行处以票面金额5%但不低于1 000元的罚款。

表 4-32

付款凭证

字第 12 号

贷方科目：银行存款　　2019 年 3 月 12 日　　附件 1 张

对方单位	摘要	借方科目 总账科目	明细科目	千	百	十	万	千	百	十	元	角	分	记账符号
张华	出差预借款项	其他应收款	张华				¥	6	0	0	0	0	0	
银行结算方式及票号：			合计				¥	6	0	0	0	0	0	

杭州育联印刷有限公司出品 211

会计主管 李宏　记账 周云　稽核 李宏　出纳 周云　制证 孙娟

任务实施二　报销办公费用

办公室王强购买办公用品，其中计算器 10 个，不含税单价为 100 元，打印机墨盒 10 个，不含税单价 200 元，增值税税率为 16%，其于 2019 年 3 月 10 日到财务处报销办公费用，出纳周云以现金支付。

（一）日常费用报销制度

1. 日常费用主要包括差旅费、电话费、交通费、办公费、低值易耗品、业务招待费、培训费、资料费等。在一个预算期间内，各项费用的累计支出原则上不得超出预算。

2. 费用报销的一般规定。

（1）报销人必须取得相应的合法票据（相关规定见发票管理制度），且发票背面有经办人签名。

（2）填写报销单应注意：根据费用性质填写对应单据；严格按单据要求项目认真填写，注明附件张数；金额大小写须完全一致，不得涂改；简述费用内容或事由。

（3）按规定的审批程序报批。

（4）报销 5 000 元以上需提前一天通知财务部以便备款。

（二）费用报销的一般流程

1. 报销人整理报销单据并填写对应费用报销单（见表 4-33）

2. 需办理申请手续或出入库手续的应附批准后的申请单或出入库单。

3. 部门经理审核签字。

4. 财务部门复核。

5. 总经理审批。

6. 到出纳处报销（见表 4-34、表 4-35）。

表 4－33

增值税专用发票　NO

发票联

开票日期：2019年3月10日

购买方	名　称：北京市辰新商贸有限公司 纳税人识别号：11230316MA7HDQ540L 地址、电话：北京市海淀区马神庙231号 68538042 开户行及账号：工商银行北京市马神庙支行 账号：23456798731	密码区	67/*+3*0/611*++0/+0*/*+3+2/9 *11*+66666**066611*+66666* 1**+216***6000*261*2*4/*547 203994+-42*64151*6915361/3*

货物或应税劳务、服务名称	规格型号	单位	数量	单价	金额	税率	税额
计算器		个	10	100	1000	16%	160
打印机墨盒		个	10	200	2000	16%	320
合　计					￥ 3000.00		￥ 480.00
价税合计（大写）	人民币叁仟肆佰捌拾元整				（小写）￥ 3480.00		

销售方	名　称：北京正元伟业办公用品有限公司 纳税人识别号：11230316MA7HDQ500L 地址、电话：北京市海淀区马神庙231号 68538000 开户行及账号：工商银行北京市马神庙支行 账号：23456798700	备注	北京正元伟业办公用品有限公司 5412554887741002D 发票专用章

收款人：　　复核：　　开票人：　　销售方：（章）

国税函〔2014〕257号浙江印钞厂

第三联：发票联　购买方记账凭证

表 4－34

中国工商银行
转账支票存根
10203310
10613654

附加信息

出票日期 2019 年 3 月 10 日

收款人：北京正元伟业办公用品

金　额：¥3 480.00

用　途：购买办公用品

单位主管 马进　会计 周云

中国工商银行　转账支票　10203310 10613654

出票日期（大写）贰零壹玖 年 叁 月 零壹拾 日　付款行名称：工商银行北京市马神庙支行

收款人：北京正元伟业办公用品有限公司　出票人账号：23456798731

付款期限自出票之日起十天

人民币（大写）	叁仟肆佰捌拾元整	亿	千	百	十	万	千	百	十	元	角	分
						¥	3	4	8	0	0	0

用途 购买办公用品

上列款项请从

我账户内支付

出票人签章 马进　北京市辰新商贸有限公司 财务专用章　复核　记账

⑈84316 ⑆571022123⑆ 21209900077422⑈ 01

附加信息：	被背书人	被背书人
	背书人签章 年　月　日	背书人签章 年　月　日

贴粘单处

根据《中华人民共和国票据法》等法律法规的规定，签发空头支票由中国人民银行处以票面金额5%但不低于1 000元的罚款。

表 4－35

付款凭证

贷方科目：银行存款　　　　2019 年 3 月 10 日　　　　字第 13 号
附件 1 张

对方单位	摘要	借方科目		金额										记账符号
		总账科目	明细科目	千	百	十	万	千	百	十	元	角	分	
北京新华批发公i	购买办公用品	管理费用	计算器					1	0	0	0	0	0	□
			打印机墨盒					2	0	0	0	0	0	□
		应交税费	增值税（进）						5	1	0	0	0	□
														□
														□
银行结算方式及票号：			合计				¥	3	5	1	0	0	0	□

会计主管 李宏　　记账 周云　　稽核 李宏　　出纳 周云　　制证 孙娟

任务实施三　报销业务招待费用

办公室王英 2019 年 3 月 18 日到财务处报销业务招待费用，出纳周云以现金支付业务招待费用 2 120 元。

（一）招待费、培训费、资料费及其他报销制度

1. 招待费。为了规范招待费的支出，大额招待费应事前征得总经理的同意。

2. 培训费。为了便于公司根据需要统筹安排，此费用由公司人力资源部门统一管理，各部门培训需求应及时报送人力资源部门，人力资源部门根据实际需要编制培训计划报总经理审批。

3. 资料费。在保证满足需要的前提下，尽量节约成本，注意资源共享。各部门在购买资料前必须先填写“资料申请表”，在报销前必须到行政部资料管理人员处进行登记（资料管理人员在资料发票背面签字）。

4. 其他费用。根据实际需要据实支付。

（二）报销流程

1. 招待费由经办人按日常费用报销一般规定及一般流程办理报销手续。

2. 培训费由人力资源部人员根据审批程序及报销程序办理报销手续。

3. 资料费在报销前需办理资料登记手续，按审批程序审批后的报销单及申请表到财务处办理报销手续。

4. 其他费用报销参照日常费用报销制度及流程办理相应业务办理过程取得的单据如表 4－36 至表 4－38 所示。

表 4－36

增值税专用发票　NO

发票联

全国统一发票监制章 国家税务总局监制

开票日期：2019年3月16日

购买方	名　　称：北京市辰新商贸有限公司 纳税人识别号：11230316MA7HDQ540L 地址、电话：北京市海淀区马神庙231号 开户行及账号：工商银行北京市马神庙支行 账号：23456798731	密码区	67/*+3*0/611*++0/+0*/*+3+2/9 *11*+66666**066611*+66666* 1**+216***6000*261*2*4/*547 203994+-42*64151*6915361/3*

货物或应税劳务、服务名称	规格型号	单位	数量	单价	金额	税率	税额
业务招待费		1	次		2000	6	120
合　计					¥ 2000.00		¥ 120.00
价税合计（大写）	人民币贰仟壹佰贰拾元整				（小写）¥ 2120.00		

销售方	名　　称：北京市东方大酒店 纳税人识别号：11230316MA7HDQ980L 地址、电话：北京市海淀区 开户行及账号：工商银行北京市马神庙支行 账号：23456798741	备注	（北京市东方大酒店 章）

收款人：王芳　　复核：刘玉　　开票人：王芳　　销售方：（章）

国税函（2014）257号浙江印钞厂

第三联：发票联　购买方记账凭证

表 4－37

中国工商银行
现金支票存根
10203310
10613654

附加信息

出票日期 2019年3月18日

收款人：王英

金　额：¥2 120.00

用　途：支付招待

单位主管 马进　会计 周云

中国工商银行　现金支票　10203310 10613654

出票日期（大写）贰零壹玖 年 叁 月 壹拾捌 日　付款行名称：工商银行北京市马神庙支行

收款人：王英　出票人账号：23456798731

付款期限自出票之日起十天

人民币（大写）	贰仟壹佰贰拾元整	亿	千	百	十	万	千	百	十	元	角	分
						¥	2	1	2	0	0	0

用途 支付招待费

上列款项请从

我账户内支付

出票人签章　马进　（北京市辰新商贸有限公司 财务专用章）　复核　记账

附加信息：	收款人签章 年　月　日
	身份证名称：　发证机关：
	号码

贴粘单处

根据《中华人民共和国票据法》等法律法规的规定，签发空头支票由中国人民银行处以票面金额5%但不低于1 000元的罚款。

表 4 - 38

付款凭证

贷方科目:银行存款　　2019 年 3 月 18 日　　字第 14 号　附件 2 张

对方单位	摘要	借方科目		金额										记账符号
		总账科目	明细科目	千	百	十	万	千	百	十	元	角	分	
	业务招待费	管理费用	业务招待费					2	0	0	0	0	0	✓
		应交税费	增值税（进）						1	2	0	0	0	✓
银行结算方式及票号:			合计				¥	2	1	2	0	0	0	

杭州青联印刷有限公司出品 211

会计主管 李宏　　记账 周云　　稽核 李宏　　出纳 周云　　制证 孙娟

任务实施四　报销培训费用

2019 年 3 月 25 日，销售部门李明拿来培训发票及相关的住宿发票、车票，按规定报销业务培训费 3 000 元，原预借款项 4 000 元，收到退回的款项 1 000 元。

报销流程：

1. 出差申请。拟出差人员首先填写“出差申请表”，详细注明出差地点、目的、行程安排、交通工具及预计差旅费用项目等，出差申请单由总经理批准。

2. 借支差旅费。出差人员将审批过的“出差申请表”交财务部，按借款管理规定办理借款手续，出纳按规定支付所借款项。

3. 返回报销。出差人员应在回公司后 5 个工作日内办理报销事宜，根据差旅费用标准填写“差旅费报销单”，部门经理审核签字，财务部审核签字，总经理审批；原则上前款未清者不予办理新的借支。

4. 报销人贴票，填写报销单——报销人部门负责人签字（证明业务活动的真实性）——财务部门审核票据合法性——财务负责人签字审核（能否支出）——法人签字（有权签字人）（同意支出）——出纳付款，涉及业务单据如表 4 - 39 至表 4 - 41 所示。

任务实施五　交通费报销

（一）交通费报销制度

1. 员工因公需要用车可根据公司相关规定申请公司派车，在没有车的情况下经行政管理部门同意后可以乘坐出租车。

2. 市内因公公交车费应保存相应车票报销。

表 4－39

费用报销审批单

报销部门：　　2019 年 3 月 25 日

用途	金额（元）	备注	
业务培训费	￥3 000.00		
		领导审批	同意报销 马进
合计：			
金额（大写） 人民币叁仟元整	原借款 4 000.00	元	应退余款 3 000.00 元

会计主管 李宏　　复核 李宏　　出纳 周云　　报销人 李明　　领款人

表 4－40

收款收据　　No

2019 年3 月25 日

今收到 李明

退回出差借款余额

金额（大写） 零 佰零 拾零 万壹 仟 零 佰 零 拾零 元零 角零 分

￥：1 000.00　　（单位盖章）　北京市辰新商贸有限公司 财务专用章

存根（白）

核准 李宏　　会计 孙娟　　记账 周云　　出纳 周云　　经手人 周云

（二）报销流程

1. 员工整理交通车票（含因公公交车票），在车票背面签经办人名字，并由行政管理部门人员签字确认，按规定填好“交通费报销单”。

2. 按日常费用审批程序审批。

3. 员工持审批后的报销单到财务处办理报销手续。

表 4－41

记账凭证

字第 15
附件 6

2019 年3 月25 日

摘要	总账科目	明细科目	借方金额											记账符号	贷方金额											记账符号
			亿	千	百	十	万	千	百	十	元	角	分		亿	千	百	十	万	千	百	十	元	角	分	
报销业务培训费	管理费用	业务培训费						3	0	0	0	0	0													
	库存现金							1	0	0	0	0	0													
	其他应收款	李明																		4	0	0	0	0	0	
结算方式及票号：		合计					¥	4	0	0	0	0	0						¥	4	0	0	0	0	0	

会计主管 李宏　记账 周云　复核 李宏　制证 孙娟

任务实施六 其他费用报销

（一）专项支出财务报销制度

1. 专项支出主要包括软件及固定资产购置、咨询顾问费用、广告宣传活动费及其他专项费用等。

2. 软件及固定资产购置报销财务制度及流程。

（二）结账报销

1. 资产验收（软件应安装调试）无误后，经办人凭发票等资料办理出入库手续，按规定填写报销单（经办人在发票背面签字并附出入库单）；

2. 按资金支出规定审批程序审批；

3. 财务部根据审批后的报销单以支票形式付款；

4. 若需提前借款，应按借款规定办理借款手续，并在 5 个工作日内办理报销手续。

（三）财务报销流程

1. 审批后的报告文件到财务部备案，以便财务备款。

2. 签订合同。由直接负责部门与合作方签订正式合作合同，（合同签订前由公司法律顾问的审核，合同应注明付款方式等）。

3. 付款流程。（1）由经办人整理发票等资料并填写费用报销单（填写规范参照日常费用报销一般规定）；（2）按审批程序审批：主管部门经理审核签字→ 财务复核 →总经理审批；（3）财务部根据审批后的报销单金额付款；（4）若需提前借款，应按借款规定办理借支手续，并在 5 个工作日内办理报销手续。

职业能力训练

一、单项选择题

1. 因解除与生产工人的劳动关系给予的补偿，借记的会计科目是（　）。

A. “管理费用”　　B. “生产成本”

C. “应付职工薪酬”　　D. “制造费用”

2. 企业从应付职工薪酬中扣还的个人所得税，贷记的会计科目是（　）。

A. “其他应收款”

B. “应交税费——应交个人所得税”

C. “银行存款”

D. “其他应付款”

3. 企业支付工会经费和职工教育经费用于工会活动和职工培训，应借记的会计科目是（　）。

A. “管理费用”　　B. “其他应收款”

C. “应付职工薪酬”　　D. “其他应交款”

4. 企业从应付职工工资中代扣的职工房租，应贷记的科目是（　）。

A. “应付职工薪酬”　　B. “银行存款”

C. “其他应收款”　　D. “其他应付款”

5. 企业发生的下列费用中，应计入管理费用的有（　）。

A. 广告费　　B. 业务招待费

C. 发生的现金折扣　　D. 汇兑损益

6. 职工个人承担的社会保险和住房公积金应贷记的科目是（　）。

A. “应付职工薪酬”　　B. “其他应付款”

C. “其他应收款”　　D. “银行存款”

二、多项选择题

1. 按照《企业会计准则第9号——职工薪酬》的规定，职工薪酬的内容有（　）。

A. 医疗保险费等社会保险费　　B. 住房公积金

C. 工会经费和职工教育经费　　D. 职工出差报销的差旅费

2. 下列各项开支中，通过“应付职工薪酬”反映的有（　）。

A. 职工差旅费　　B. 职工生活困难补助

C. 职工社会保险费　　D. 业务招待费

三、业务题

（一）甲公司的职工薪酬资料如下：

1. 甲公司本月应付工资总额462 000元，工资费用分配汇总表中列示的产品生产人员工资为320 000元，车间管理人员工资为70 000元，企业行政管理人员工资为60 400元，销售人员工资为11 600元。

2. 甲公司根据“工资结算汇总表”结算本月应付职工工资总额462 000元，代扣职工房租40 000元，企业代垫职工家属医药费2 000元，实发工资420 000元。试做出甲公司的有关账务处理如下：

（1）向银行提取现金；

（2）发放工资，支付现金；

（3）代扣款项。

（二）大海公司的职工薪酬资料如下：

1. 大海公司为家电生产企业，共有职工266人，其中生产工人200人，车间管理人员15人，行政管理人员20人，销售人员15人，在建工程人员16人，2019年12月份发生如下经济业务：

（1）本月应付职工工资总额为380万元，工资费用分配汇总表中列示的产品生产工人工资为200万元，车间管理人员工资为30万元，企业行政管理人员工资为50万元，销售人员工资40万元，在建工程人员工资60万元。

（2）结算本月应付职工工资总额380万元，代扣职工房租10万元，企业代垫职工家属区药费2万元，代扣个人所得税20万元，余款用银行存款支付。

（3）上交个人所得税20万元。

要求：编制相关会计分录。

（三）2019年5月，甲公司的职工薪酬有关情况如下：

1. 辰新商贸有限公司按照工资总额的标准分配工资费用，其中：生产工人工资为1 000 000元，车间管理人员工资200 000元，总部管理人员工资为300 000元，专设销售部门人员工资为100 000元，在建工程人员工资为200 000元，内部开发人员工资为100 000元（符合资本化条件）。

2. 按照所在地政府规定，按照工资总额的12%、7%、2%、0.8%、0.2%、10%计提应由企业负担的养老保险费、医疗保险费、失业保险费、生育保险、工伤保险；住房公积金。

3. 企业在扣除个人应负担的养老保险费、医疗保险费、失业保险费、住房公积金（比例分别为8%、2%、1%、10%）和个人所得税34 000元，扣除企业代垫职工家属医药费20 000元后，以银行存款向个人发放工资和缴纳社会保险、住房公积金和个人所得税。

要求：根据以上资料编制相关会计分录。

（四）行政管理部门王强2019年9月2日出差，预借差旅费2 000元，9月6日回来报销差率费2 800元，剩余款项以现金支付。

项目五

出纳相关工作处理规范

出纳资料的交接和保管是出纳工作岗位的一项重要技能。本项目通过讲解出纳工作交接的内容、程序及要求以及出纳岗位所涉及的会计档案内容、会计档案管理的要求，帮助出纳人员提升出纳资料交接和保管的技能。

项目导航

知识目标	技能目标	职业目标
➢ 理解出纳工作交接的重点内容和程序 ➢ 熟悉出纳会计档案的基本内容	➢ 能按实际业务情况完成出纳工作岗位交接 ➢ 能进行会计档案保管	➢ 具备出纳工作岗位交接的能力 ➢ 具备整理、保管、移交会计档案的能力

任务一　办理出纳工作交接手续

任务导入

北京市辰新商贸有限公司的出纳周云离职，将出纳工作交给李霞接管，李霞应该如何接手出纳任务，开展自己的工作呢？

知识准备

一、出纳工作交接的原因或情形

出纳人员办理交接手续主要有以下几个方面的原因：

（1）出纳人员辞职或离开单位；

（2）企业内部工作变动不再担任出纳职务，例如出纳岗位轮换到会计岗位；

（3）出纳岗位内部增加工作人员重新进行分工；

（4）因病假、事假或临时调动，不能继续从事出纳工作；

（5）因特殊情况如停职审查等按规定不宜从事出纳工作；

（6）企业因其他情况按规定应办理出纳交接工作的，如企业解散、破产、兼并、合并、分立等情况发生时，出纳人员应向接收单位或清算组移交。

二、出纳工作交接的作用

我国《会计法》第四十一条规定："会计人员调动工作或者离职，必须与接管人员办理交接手续。一般会计人员办理交接手续，由会计机构负责人（会计主管人员）监交；会计机构负责人（会计主管人员）办理交接手续，由单位负责人监交，必要时主管单位可以派人会同监交。"出纳人员因故不能在原出纳岗位工作时，必须按有关规定和要求办理好工作的交接手续，做好移交工作。出纳工作交接的作用主要有：

（1）可以明确工作责任；

（2）便于接管的出纳人员熟悉工作，能够尽快进入工作角色；

（3）有利于账目清晰与账簿归档；

（4）有利于发现和处理出纳工作和资金管理工作中存在的问题；

（5）预防经济责任事故与经济犯罪的发生；

（6）防止资金流失。

交接后，如发现移交人在交接前经办的出纳业务有违反财务会计制度和财经纪律的，仍应由移交人负责；交接后，移交前的未了事项，移交人仍有责任协助接交人办理。

三、出纳工作交接前的准备工作

为了使出纳工作移交清楚，防止遗漏，确保出纳交接工作顺利进行，出纳人员在办理交接手续前，必须做好以下准备工作：

（1）将出纳日记账登记完毕，并在最后一笔余额后加盖经办人员印章。

（2）出纳日记账与现金、银行存款总账核对相符，现金账面余额与实际库存现金核对一致，银行存款账面余额与银行对账单核对无误。

（3）在出纳日记账启用表上填写移交日期，并加盖名章。

（4）对需要移交的各种资料进行清点核查，对未了事项做出书面说明。

（5）编制移交清册。移交清册的内容包括：列明支票张数及支票号码；现金金额及票面额；发票张数及号码；账簿名称及册数；印章及其他类物品。

实施会计电算化的企业，从事出纳工作的移交人还应当在移交清册中列明会计软件及出纳人员的账号、密码以及使用的磁盘、U 盘等磁性介质。

四、出纳工作交接的内容

出纳工作交接的内容涉及出纳人员经手的会计资料、工作机具、密码印鉴、工作物品等，既有实物又有文件，其中还有一些涉及资金安全的密码、密钥等。由于各单位的具体情况不同，导致出纳工作交接的具体内容也不可能完全相同。但是，从大的方面来看，出纳工作的交接应包括以下一些基本内容：

（1）出纳凭证：包括与现金、银行存款及其他货币资金有关的原始凭证和记账凭证。

（2）出纳账簿：包括现金日记账和银行存款日记账等。

（3）现金：包括库存的人民币和外币。

（4）支票：空白支票、支票领用备查登记簿。

（5）有价证券：包括债券、股票等。

（6）用于银行结算的各种银行汇票、银行本票、商业汇票等票据。

（7）各种收款收据：包括空白收据、已用或作废收据的存根联等。

（8）印章：包括财务专用章、银行预留印鉴以及“现金收讫”“现金付讫”“银行收讫”“银行付讫”“作废”等业务专用章。

（9）会计文件：如应由出纳人员保管的相关文件、银行对账单、合同、协议等。

（10）会计用品：如报销单据、借据等。

（11）办公室、办公桌与保险工具的钥匙、各种保密号码。

（12）本部门保管的各种档案资料和公用会计工具、器具等。

（13）各种文件资料和其他业务资料。

（14）经办未了事项。

五、出纳工作交接流程及注意事项

（一）出纳工作交接流程（见图 5－1）

出纳工作的交接必须在规定的期限内，向移交人移交清楚。交接工作开始后，出纳人员与接替人员应在财务主管或者会计主管的监督下进行工作交接（监交），按照移交清册上载明的事项依次、逐项移交。移交工作应遵照以下原则实施：

1. 现金、有价证券及贵重物品要根据出纳日记账和备查账簿等相关资料的记录，由出纳人员当面清点后交给接交人员，交接过程中如发现实物与账

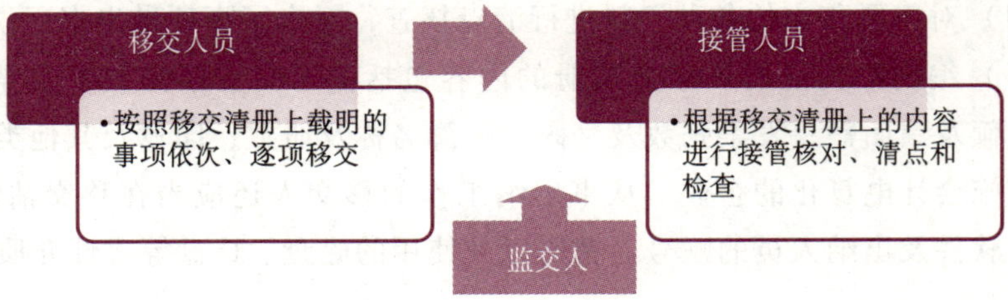

图 5－1

簿记录不一致，移交人必须限期查清。

2. 会计凭证、会计账簿等会计资料必须完整无缺。尤其在账簿交接时，接交人应着重核对账账、账实是否一致，核对无误后，交接双方还应在账簿的“经管人员一览表”上签章，并注明交接的年、月、日。

3. “银行存款”账户余额要与银行对账单核对，如不一致，应当编制银行存款余额调节表调节相符。

4. 移交人经管的票据、印章和其他实物等，必须交接清楚，同时由接交人更换预留在银行的印鉴章。

5. 保险柜密码，重要工作台、室的钥匙应先按实际情况进行交接，待交接完毕后，要重新更换保险柜密码和重要工作台、室的锁具。

6. 实行会计电算化的单位交接双方应在电子计算机上对有关数据实行实际操作确认有关数字，正确无误后，再将账页打印出来，装订成册后，再进行交接。

7. 工作计划移交时，为了方便接交人开展工作，移交人应向接交人详细介绍工作计划执行情况以及今后在执行过程中应注意的问题，以保证出纳工作的延续性。

8. 交接完毕后填妥移交清册，由交、接、监三方签字盖章。移交清册一般一式三份，其中交接双方各执一份，另一份作为会计档案，在交接结束后归档保管。在移交清册上必须填明：单位名称、交接日期交接双方和监交人的职务和姓名，以及移交清册页数、份数和其他需要说明的问题和意见。移交清册见表 5－1 所示。

表 5－1 出纳工作移交清册

出纳工作移交清册
一、原出纳人员________因工作调动，将出纳工作移交给________接管。现办理如下交接。交接日期为______年______月______日。
二、具体业务的移交。
1. 库存现金：账面余额________元，与实存相符，日记账余额与总账余额相符。
2. 库存国库券________元，经核对无误。
3. 银行存款余额________元，与银行存款调节表核对相符。
三、移交的会计凭证、账簿、文件。
1. 本年度现金日记账一本。
2. 本年度银行存款日记账一本。

续表

3. 空白现金支票______张（号码_________）。 4. 空白转账支票______张（号码_________）。 5. 托收承付登记簿一本。 6. 付款委托书一本。 7. 信汇登记簿一本。 8. 金库暂存物品明细表一份，与实物核对相符。 9. 银行对账单______月份______本，______月份未达账项说明______份。 四、印鉴。 1. 财务处现金收讫印章一枚。 2. 财务处现金付讫印章一枚。 3. 财务处转讫印章一枚。 五、保险柜钥匙。 1. 保险柜钥匙一枚。 2. 银行存单处钥匙一枚。 3. 密码。 六、其他工具。 1. 验钞机一台。 2. 支票打印机一台。 七、交接后工作责任的划分。 ________年____月____日前的出纳责任事项由____________负责，________年____月____日起的出纳责任事项由____________负责，以上移交事项均经交接双方认定无误。 八、本清册一式三份，双方各执一份，存档一份。 移交人： 接交人： 监交人： ××公司财务处 ×年×月×日

若出纳工作较为复杂，可先按交接的内容编制各类移交表（见表5－2至表5－6）。交接完毕后，进行整理并编制移交清册。

表5－2　　库存现金移交表

移交日期：　年　月　日　　　　单位：元　　　　第　页

币别	数量（张）	移交金额	接交金额	备注

单位领导：　　移交人：　　监交人：　　接交人：

表 5－3 **银行存款移交表**

移交日期： 年 月 日 单位：元 第 页

开户银行	币种	截止日	账面数	实存数	备注

单位领导： 移交人： 监交人： 接交人：

表 5－4 **有价证券、贵重物品移交表**

移交日期： 年 月 日 单位：元 第 页

名称	购入日期	单位	数量	面值	到期日期	备注

单位领导： 移交人： 监交人： 接交人：

表 5－5 **核算资料移交表**

移交日期： 年 月 日

名称	年度	数量	起止时间	备注

单位领导： 移交人： 监交人： 接交人：

注：核算资料主要包括出纳账簿、收据、借据、银行结算凭证、票据领用、票据使用及其他文件资料。

表 5－6　物品工具移交表

移交日期：　年　月　日

名称	编号	型号	购入日期	单位	数量	备注

单位领导：　移交人：　监交人：　接交人：

（二）出纳工作交接应注意的事项

1. 出纳人员进行交接时，一般由会计机构负责人（会计主管人员）监交，必要时，还可请上级领导一同监交。

2. 移交时，交接双方一定要当面看清、点数、核对，不得由别人代替。

3. 监交过程中，如果移交人交代不清，或者接交人故意为难，监交人应及时处理裁决。移交人不作交代或者交代不清的，不得离职，否则，监交人和单位领导均应负连带责任。

4. 接交的出纳人员应继续使用移交的账簿，不得自行另立新账，以保持会计记录的连续性。对于移交的银行票据和未使用的支票，应继续使用，不要将其浪费、搁置，以免单位遭受损失。

5. 交接完成后，接交的出纳人员应及时向开立账户的银行办理更换出纳人员印鉴的手续，检查保险柜的使用是否正常、妥善，保管现金、有价证券、贵重物品、公章等的条件和周围环境是否安全，如不够妥善、安全，要立即采取改善措施。

6. 交接完成后，移交人应对自己经办的、已经移交的资料的合法性、真实性承担法律责任，不能因为资料已经移交而推脱责任。

任务实施

任务实施　办理出纳员工作交接

2019 年 7 月 13 日，北京辰新商贸有限公司出纳周云因离职，将出纳工作交接给李霞，要求按照规范完成出纳工作交接相关手续。

实施步骤：

1. 移交人周云完成日记账登记工作；
2. 开展库存现金和银行存款清查工作；
3. 移交相关财务、票据和账册；

4. 编写出纳员工作移交清册。

第一步：完成日记账未登记业务。

移交人周云清理未入账会计凭证，发现2019年7月12日一笔300元现金已审核收款凭证（见表5－7）尚未登记库存现金日记账。

表5－7

收 款 凭 证

2019年 07月 12日 收字 01 号

摘要	科目		√	借方余额									贷方余额								
	总账科目	明细科目		百	十	万	千	百	十	元	角	分	百	十	万	千	百	十	元	角	分
退回现金	库存现金							3	0	0	0	0									
	其他应收款	王涛															3	0	0	0	0
	合计						¥	3	0	0	0	0				¥	3	0	0	0	0

（附件 1 张）

会计主管 李宏 记账 周云 出纳 周云 稽核 李宏 填制 孙娟

出纳员周云根据上述记账凭证登记“库存现金日记账”（见表5－8），并作移交账册签章。

表5－8

现 金 日 记 账 1

2019年 月	日	凭证编号	摘要	对应科目	借方 百十万千百十元角分	✓	贷方 百十万千百十元角分	✓	余额 百十万千百十元角分
7	1	略	期初余额						321586
7	12		收回借款		30000				351586
									周云

移交人周云清理未入账会计凭证，发现2019年7月12日和13日一张以银行存款预收30 000元货款的收款凭证（表5－9），一张支付1 800元办公用品费的付款凭证（表5－10）；尚未登记银行存款日记账。

出纳员周云根据上述会计凭证登记“银行存款日记账”（表5－11），并作移交账册签章。

表 5－9

收款凭证

2019 年 07 月 12 日　　　　收字 02 号

摘要	科目：总账科目	科目：明细科目	√	借方余额（百十万千百十元角分）	贷方余额（百十万千百十元角分）
预收货款	银行存款	工商银行		3000000	
	预收账款	华盛公司			3000000
合计				¥3000000	¥3000000

（附件 1 张）

会计主管 李宏　记账 周云　出纳 周云　稽核 李宏　填制 孙娟

表 5－10

付款凭证

2019 年 07 月 13 日　　　　付字 01 号

摘要	科目：总账科目	科目：明细科目	√	借方余额（百十万千百十元角分）	贷方余额（百十万千百十元角分）
支付办公用品费	管理费用	办公用品费		180000	
	银行存款	工商银行			180000
合计				¥180000	¥180000

（附件 1 张）

会计主管 李宏　记账 周云　出纳 周云　稽核 李宏　填制 孙娟

表 5－11

银行存款日记账　1

2019 年 月	日	凭证编号	摘要	对应科目	借方（百十万千百十元角分）	√	贷方（百十万千百十元角分）	√	余额（百十万千百十元角分）
7	1	略	期初余额						258670000
7	12		预收货款		3000000	✓			261670000
7	13		支付办公用品费				180000	✓	261490000
									周云

第二步：清点库存现金。

2019 年 7 月 13 日上午 11 时，财务主管李宏会同刘玲，对出纳员周云经管的库存现金进行了实地盘点，对比库存现金日记账（见表 5－8），发现账款相符，编制库存现金盘点报告单（见表 5－12）。

表 5-12　　　　库存现金盘点报告表

单位名称：北京辰新商贸有限公司　　　　2019 年 7 月 13 日

账面余额	实存余额	清查结果		备注
		长款	短款	
3 515.86	3 515.86	0	0	
现金使用情况	（1）库存现金限额：未超过 （2）白条抵库情况：无 （3）违反规定的现金支出情况：无 （4）其他违规行为：无			
处理决定				

第三步：清查银行存款余额

2019 年 7 月 13 日下午 15 时，财务主管李宏会同刘玲，对出纳员周云经管的银行存款基本账户（企业未开设一般存款账户）进行了实地盘存。对比银行存款日记账和银行对账单，发现账实相符。

第四步：移交相关财务、票据及账表等资料，编制出纳工作移交清册。

二维码 5.1
好出纳的"七心丹"

任务拓展

北京市辰新商贸有限公司原出纳员周云因工作调动，财务处已决定将出纳工作移交给李霞接管。现办理交接过程如下：

第一步：在 2018 年 7 月 13 日前，由移交人周云将应移交的有关出纳资料准备齐全，并编制移交清册。

第二步：2019 年 7 月 13 日，在监交人李宏监督下，移交人周云按移交清册所列项目将准备齐全的相关资料逐一交给接交人李霞，并由李霞逐一清点、核对。

第三步：双方移交完毕并无误后，由移交人周云、接交人李霞和监交人李宏在移交清单上签名盖章。

相关出纳资料为：

（一）具体业务

1. 库存现金：7 月 12 日账面余额 3 515.86 元，与实存数相符，日记账余额与总账相符。

2. 库存国库券：689 000 元，经核对无误。

3. 银行存款余额：2 614 900 元，经编制银行存款余额调节表，核对相符。

（二）会计凭证、账簿、文件

1. 本年度现金日记账 1 本；

2. 本年度银行存款日记账 2 本；

3. 空白现金支票 15 张（00113458 号至 00113472 号）；

4. 空白转账支票 8 张（00782356 号至 00782363 号）；

5. 托收承付、委托收款登记簿 1 本；

6. 托收承付、委托收款付款登记簿 1 本；

7. 应收票据备查登记簿 1 本；

8. 应付票据备查登记簿 1 本；

9. 转账支票领用登记簿 1 本；

10. 贵重物品明细表 1 份，与实物核对相符；

11. 银行对账单 1—6 月份 6 份；6 月份未达账项说明 1 份；

12. 收据 1 本。

（三）印鉴

1. 北京市辰新商贸有限公司财务处转讫印章 1 枚；

2. 北京市辰新商贸有限公司财务处现金收讫印章 1 枚；

3. 北京市辰新商贸有限公司财务处现金付讫印章 1 枚；

4. 北京市辰新商贸有限公司财务处银行收讫印章 1 枚；

5. 北京市辰新商贸有限公司财务处银行付讫印章 1 枚；

6. 北京市辰新商贸有限公司财务专用章 1 枚；

7. 北京市辰新商贸有限公司法人章 1 枚。

（四）其他

保险柜 1 个，文件柜 2 个，点钞机 1 台，打印机 1 台，密码箱 1 个，保险柜钥匙 1 枚，银行存单处钥匙一枚，密码。

要求：根据上述所给资料编写出出纳工作移交清册（见表 5－13）。

表 5－13　出纳工作移交清册

一、原出纳人员________因工作调动，将出纳工作移交给________接管。现办理如下交接。交接日期为________年________月________日。
二、具体业务的移交。
1. 库存现金：账面余额________元，与实存相符，日记账余额与总账余额相符。
2. 库存国库券____________元，经核对无误。
3. 银行存款余额____________元，与银行存款调节表核对相符。
三、移交的会计凭证、账簿、文件。
1. 本年度现金日记账 1 本。
2. 本年度银行存款日记账 1 本。
3. 空白现金支票________张（号码____________）。
4. 空白转账支票________张（号码____________）。
5. 托收承付登记簿 1 本。
6. 付款委托书 1 本。
7. 信汇登记簿 1 本。
8. 金库暂存物品明细表一份，与实物核对相符。
9. 银行对账单________月份________本，________月份未达账项说明________份。
四、印鉴。

续表

1. 财务处现金收讫印章一枚。
2. 财务处现金付讫印章一枚。
3. 财务处转讫印章一枚。

五、保险柜钥匙。

1. 保险柜钥匙一枚。
2. 银行存单处钥匙一枚。
3. 密码。

六、其他工具。

1. 验钞机1台。
2. 支票打印机一台。

七、交接后工作责任的划分。

________年________月________日前的出纳责任事项由________负责，________年________月________日起的出纳责任事项由____________负责，以上移交事项均经交接双方认定无误。

八、本清册一式三份，双方各执一份，存档一份。

移交人：

接交人：

监交人：

××公司财务处

×年×月×日

二维码5.2

移交清册标准答案

任务二　熟悉会计档案保管的相关规定

任务导入

北京辰新商贸有限公司的会计档案保管工作是由财务处的王丽负责，会计档案具体包括哪些内容？应如何来进行规范管理呢？

知识准备

会计档案是记录和反映经济业务事项的重要史料和证据。《会计法》和《会计基础工作规范》对会计档案管理做出了原则性规定；财政部、国家档案局于1984年6月1日发布，1998年8月21日修订，2015年12月11日第二次修订，自2016年1月1日起施行的《会计档案管理办法》，对会计档案管理有关内容做出了具体规定。单位应当加强会计档案管理工作，建立和完善会计档案的收集、整理、保管、利用和鉴定销毁等管理制度，采取可靠的安排防护技术和措施，保证会计档案的真实、完整、可用、安全。

一、会计档案及其分类

（一）会计档案的含义

会计档案是指单位在进行会计核算等过程中接收或形成的，记录和反映单位经济业务事项的，具有保存价值的文字、图表等各种形式的会计资料，包括通过计算机等电子设备形成、传输和储存的电子会计档案。各单位的预算、计划、制度等文件材料属于文书档案，不属于会计档案。

（二）会计档案的分类

1. 会计凭证类：原始凭证、记账凭证、汇总凭证、其他会计凭证。

2. 会计账簿类：总账、明细账、日记账、固定资产卡片及其他辅助性账簿。

3. 财务会计报告类：月度、季度、半年度财务会计报告和年度财务会计报告。

4. 其他会计资料类：银行存款余额调节表、银行对账单、纳税申报表、会计档案移交清册、会计档案保管清册、会计档案销毁清册、会计档案鉴定意见书及其他应当保存的会计核算专业资料。

二、会计档案的归档要求

根据《会计档案管理办法》，各单位每年形成的会计档案，都应由会计机构按照归档的要求，负责整理立卷，装订成册，编制会计档案保管清册。

当年形成的会计档案，在会计年度终了后，由单位会计管理机构临时保管 1 年，再移交单位档案管理机构保管。因工作需要确需推迟移交的，应当经单位档案管理机构同意。单位会计管理机构临时保管会计档案最长不超过 3 年。临时保管期间，会计档案的保管应当符合国家档案管理的有关规定，且出纳人员不得兼管会计档案。

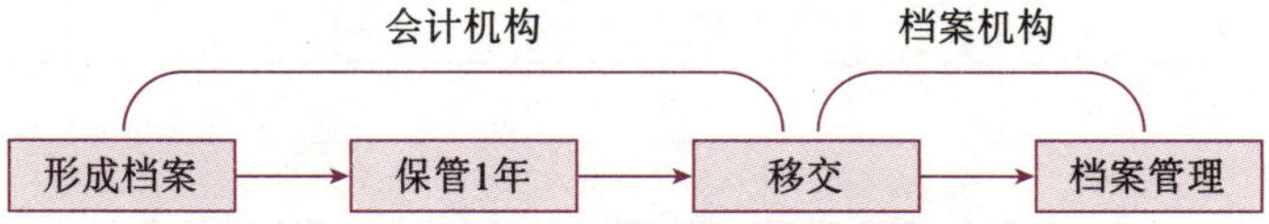

图 5－2　会计档案归档流程图

移交本单位档案部门保管的会计档案，原则上应当保持原卷册的封装，个别需要拆封重新整理的，档案部门应当会同财务部门和经办人共同拆封整理，以分清责任。

各单位对会计档案应当科学管理，做到妥善保管、存放有序、查找方便。同时，严格执行安全和保密制度，不得随意堆放，严防毁损、散失和泄密。

三、会计档案的移交和利用

（一）会计档案的移交

单位会计管理机构在办理会计档案移交时，应当编制会计档案移交清册，并按照国家档案管理的有关规定办理移交手续。

小贴士：

会计档案在利用过程有以下注意事项：

➢ 各单位保存的会计档案不得出借。

➢ 如果有特殊需要，经本单位负责人批准，可以提供查阅或者复制，并办理登记手续。

➢ 查阅或者复制会计档案的人员，严禁涂画、拆封、抽换。

➢ 我国境内所有单位的会计档案不得携带出境。

➢ 各单位应当建立健全会计档案查阅、复制登记制度。

纸质会计档案移交时应当保持原卷的封装。电子会计档案移交时应当将电子会计档案及其元数据一并移交，且文件格式应当符合国家档案管理的有关规定。特殊格式的电子会计档案应当与其读取平台一并移交。

单位档案管理机构接收电子会计档案时，应当对电子会计档案的准确性、完整性、可用性和安全性进行检测，符合要求的才能接收。

（二）会计档案的利用

单位应当严格按照相关制度利用会计档案，在进行会计档案查阅、复制、借出时履行登记手续，严禁篡改和损坏。

单位保存的会计档案一般不得对外借出。确因工作需要且根据国家有关规定必须借出的，应当严格按照规定办理相关手续。会计档案借用单位应当妥善保管和利用借入的会计档案，确保借入会计档案的安全完整，并在规定时间内归还。

四、会计档案的保管期限

会计档案保管期限分为永久和定期两类。会计档案的保管期限是从会计年度终了后的第一天算起。永久，是指会计档案须永久保存；定期，是指会计档案保存应达到法定的时间，定期保管期限一般为 10 年和 30 年。《会计档案管理办法》规定的会计档案保管期限为最低保管期限。《会计档案保管办法》规定的各类会计档案保管期限见表 5－14、表 5－15。

表 5－14　企业和其他组织会计档案保管期限表

序号	档案名称	保管期限	备注
一	会计凭证		
1	原始凭证	30 年	
2	记账凭证	30 年	
二	会计账簿		
3	总账	30 年	
4	明细账	30 年	
5	日记账	30 年	
6	固定资产卡片		固定资产报废清理后保管 5 年
7	其他辅助性账簿	30 年	
三	财务会计报告		
8	月度、季度、半年度财务报告	10 年	
9	年度财务报告	永久	
四	其他会计资料		
10	银行存款余额调节表	10 年	
11	银行对账单	10 年	

续表

序号	档案名称	保管期限	备注
12	纳税申报表	10 年	
13	会计档案移交清册	30 年	
14	会计档案保管清册	永久	
15	会计档案销毁清册	永久	
16	会计档案鉴定意见书	永久	

表 5-15　财政总预算、行政单位、事业单位和税收会计档案保管期限表

序号	档案名称	保管期限			备注
		财政总预算	行政单位事业单位	税收会计	
一	会计凭证				
1	国家金库编送的各种报表及缴库退库凭证	10 年		10 年	
2	各收入机关编送的报表	10 年			
3	行政单位和事业单位的各种会计凭证		30 年		包括：原始凭证、记账凭证和传票汇总表
4	财政总预算拨款凭证和其他会计凭证	30 年			包括：拨款凭证和其他会计凭证
二	会计账簿				
5	日记账		30 年	30 年	
6	总账	30 年	30 年	30 年	
7	税收日记账（总账）			30 年	
8	明细分类、分户账或登记簿	30 年	30 年	30 年	
9	行政单位和事业单位固定资产卡片				固定资产报废清理后保管 5 年
三	财务会计报告				
10	政府综合财务报告	永久			下级财政、本级部门和单位报送的保管 2 年
11	部门财务报告		永久		所属单位报送的保管 2 年
12	财政总预算	永久			下级财政、本级部门和单位报送的保管 2 年
13	部门决算		永久		所属单位报送的保管 2 年
14	税收年报（决算）			永久	
15	国家金库年报（决算）	10 年			
16	基本建设拨、贷款年报（决算）	10 年			
17	行政单位和事业单位会计月、季度报表		10 年		所属单位报送的保管 2 年
18	税收会计报表			10 年	所属税务机关报送的保管 2 年
四	其他会计资料				
19	银行存款余额调节表	10 年	10 年		

续表

序号	档案名称	保管期限			备注
		财政总预算	行政单位事业单位	税收会计	
20	银行对账单	10 年	10 年	10 年	
21	会计档案移交清册	30 年	30 年	30 年	
22	会计档案保管清册	永久	永久	永久	
23	会计档案销毁清册	永久	永久	永久	
24	会计档案鉴定意见书	永久	永久	永久	

五、会计档案的鉴定和销毁

（一）会计档案的鉴定

单位应当定期对已到保管期限的会计档案进行鉴定，并形成会计档案鉴定意见书。经鉴定，仍需继续保存的会计档案，应当重新划定保管期限；对保管期满，确无保存价值的会计档案，可以销毁。会计档案监督工作应当由单位档案管理机构牵头，组织单位会计、审计、纪检监察等机构或人员共同进行。

（二）会计档案的销毁

经鉴定可以销毁的会计档案，销毁的基本程序和要求为：

1. 单位档案管理机构编制会计档案销毁清册，列明拟销毁会计档案的名称、卷号、册数、起止年度、档案编号、应保管期限，以及保管期限和销毁时间等内容。

2. 单位负责人、档案管理机构负责人、会计管理机构负责人、档案管理机构经办人、会计管理机构经办人在会计档案销毁清册上签署意见。

3. 单位档案管理机构负责组织会计档案销毁工作，并与会计管理机构共同派员监销；国家机关销毁会计档案时，还应当由同级财政、审计部门派员监销；财政部门销毁会计档案时，应当由同级审计部门派员监销。监销人在会计档案销毁前应当按照会计档案销毁清册所列内容进行清点核查；在会计档案销毁后，应当在会计档案销毁清册签名或盖章。

电子会计档案的销毁还应当符合国家有关电子档案的规定，并由单位档案管理机构、会计管理机构和信息系统管理机构共同派员监销。

4. 不得销毁的会计档案。保管期满但尚未结清的债权债务原始凭证和涉及其他未了事项的会计凭证不得销毁，纸质会计档案应当单独抽出立卷，电子会计档案单独转存，保管到未了事项完结时为止。单独抽出立卷或转存的会计档案，应当在会计档案鉴定意见书、会计档案销毁清册和会计档案保管清册中列明。

职业能力训练

一、单项选择题

1. 以下（　　）不属于出纳工作交接的资料。

A. 应收账款明细账　　B. 现金日记账

C. 交易性金融资产备查登记簿　　D. 银行存款日记账

2. 出纳工作交接时，应由（　　）进行监交。

A. 单位会计人员　　B. 单位领导人

C. 单位监事会人员　　D. 单位会计负责人

3. 以下会计资料中，（　　）不应由出纳保管。

A. 库存现金　　B. 各种有价证券

C. 会计档案　　D. 银行预留印鉴

4. 接替人员在接替出纳工作后发现接替以前的账簿出现问题时，应当（　　）。

A. 自己改过来

B. 上报领导，由领导修改

C. 与交接人联系，取得相应书面说明后再改正

D. 把有问题的账簿换掉

5. 出纳对归档资料进行整理，一般包括分类、装订和（　　）三个步骤。

A. 成册　　B. 清点

C. 核对　　D. 盘点

6. 下列各项中，不属于会计档案的是（　　）。

A. 会计档案移交清册　　B. 会计档案保管清册

C. 财务会计报告　　D. 年度工作计划

7. 下列各项中，属于单位会计管理机构在办理会计档案移交时应当编制的清册是（　　）。

A. 会计档案移交清册　　B. 会计档案保管清册

C. 会计档案销毁清册　　D. 会计档案鉴定意见书

8. 下列各项中，属于修订后的《会计档案管理办法》施行日期的是（　　）。

A. 2016 年 1 月 1 日　　B. 2016 年 3 月 1 日

C. 2016 年 6 月 1 日　　D. 2016 年 9 月 1 日

9. 下列会计档案中，保管期限为 30 年的是（　　）。

A. 银行对账单　　B. 会计凭证

C. 纳税申报表　　D. 银行存款余额调节表

10. 下列各项中，属于单位会计管理机构临时保管会计档案的最长年限是

（ ）。

A. 不超过 2 年　　B. 不超过 3 年

C. 不超过 4 年　　D. 不超过 5 年

二、多项选择题

1. 以下（ ）属于出纳工作需交接的资料。

A. 银行存款日记账　　B. 现金日记账

C. 银行对账单　　D. 电算化软件的出纳账号和密码

2. 下列关于出纳工作交接中的注意事项，正确的有（ ）。

A. 监交过程中，如果移交人不作交代，或者交代不清的，不得离职

B. 移交时，交接双方一定要当面看清、点准、核对，不得由别人代替

C. 接管的出纳人员交接后可自行另立新账

D. 交接后，移交人应对自己经办的已经移交的资料的合法性、真实性承担法律责任，不能因为资料已经移交而解除责任

3. 根据《会计工作规基础范》的规定，会计工作交接完毕后，交接双方和监交人要在移交清册上签名盖章，并在移交清册上注明（ ）等。

A. 单位名称　　B. 交接双方和监交人的职务、姓名

C. 交接日期　　D. 移交清册页数及需要说明的问题和意见

4. 会计人员工作交接，移交人员对移交的会计资料的（ ）负责。

A. 真实性　　B. 合法性

C. 先进性　　D. 合理性

5. 下列关于会计工作交接后的有关事宜表述正确的有（ ）。

A. 会计工作交接完成后，交接双方和监交人在移交清册上签名盖章

B. 接交人员应继续使用移交前的账簿

C. 移交清册应填制一式三份，交接双方各执一份，存档一份

D. 原账簿登记混乱，经单位负责人同意，接交人员可以另立账簿登记移交后的经济业务，以明确责任

6. 下列会计档案中，保管期限为永久的有（ ）。

A. 会计档案移交清册　　B. 会计档案保管清册

C. 会计档案销毁清册　　D. 会计档案鉴定意见书

7. 下列各项中，属于应归档的会计资料有（ ）。

A. 会计凭证　　B. 会计账簿

C. 财务会计报告　　D. 其他会计资料

8. 下列会计档案中，保管期限为 10 年的是（ ）。

A. 月度财务报告　　B. 季度财务报告

C. 半年度财务报告　　D. 年度财务报告

9. 下列各项中，属于应在会计档案销毁清册上签署意见的人员有（ ）。

A. 单位负责人　　B. 档案管理机构负责人

C. 会计管理机构负责人　　D. 档案管理机构经办人

10. 下列各项中，属于会计档案定期保管期限的是（　　）。

A. 10 年　　B. 20 年

C. 30 年　　D. 40 年

三、判断题

1. 会计人员工作交接后，如事后发现问题，仍应由原移交人员负责，原移交人员不应以会计资料已经移交而推脱责任。（　　）

2. 因出纳人员变更，为明确责任，新任出纳应更换新的现金日记账进行登记。（　　）

3. 出纳人员应在正式移交工作前，在出纳账的账簿启用表上填写移交日期，并加盖名章。（　　）

4. 企业因解散、破产、兼并、合并等原因应办理出纳交接工作的，出纳人员应向原单位财务负责人移交有关资料。（　　）

5. 会计档案是指单位在进行会计核算等过程中接收或形成的，记录和反映单位经济业务事项的，具有保存价值的文字、图表等各种形式的会计资料，包括通过计算机等电子设备形成、传输和存储的电子会计档案。（　　）

6. 会计档案的保管期限分为永久、定期两类。（　　）

7. 会计档案的保管期限，从会计年度终了后的第一天算起。（　　）

8. 不管是行政单位、事业单位，还是企业，按照规定，固定资产卡片的保管期限应为固定资产报废清理后保管 5 年。（　　）

9. 根据《会计档案管理办法》规定，当年形成的会计档案，在会计年度终了后，可由单位会计管理机构临时保管 1 年，因工作需要确需推迟移交的，应当经单位档案管理机构同意。但是单位会计管理机构临时保管会计档案最长不超过两年。（　　）

10. 单位应当定期对已到保管期限的会计档案进行鉴定，并形成会计档案鉴定意见书。会计档案鉴定工作应当由单位会计机构牵头进行。（　　）

四、业务题

1. 2019 年 7 月 5 日，辰新商贸有限公司采购部张华要去出差，向财务部预借差旅费 7 000 元，请根据相关材料完成以下任务。

（1）以张华的身份填写一张借款单（见表 5 - 16）。

（2）出纳付款，完成相关签章（假设该借款单完全符合公司规定，并已经完成相关人员审批签字），并根据借款单及会计填制的记账凭证，填写现金日记账（见表 5 - 17、表 5 - 18）。

表 5－16

借款单

年　　月　　日

资金性质：

部门：		借款人：	
借款理由：			
金额：	大写：		小写：¥
领导批示：		财务主管：	
部门主管：	出纳：	领款人签收：	

表 5－17

记　账　凭　证

年　月　日　　　　号

摘要	科目			借方余额									贷方余额								
	总账科目	明细科目	√	百	十	万	千	百	十	元	角	分	百	十	万	千	百	十	元	角	分
合计																					

（附件　张）

会计主管　记账　出纳　稽核　填制

表 5－18

现　金　日　记　账　　1

年		凭证编号	摘　要	对应科目	借方									√	贷方									√	余额								
月	日				百	十	万	千	百	十	元	角	分		百	十	万	千	百	十	元	角	分		百	十	万	千	百	十	元	角	分

2. 7 月 9 日，采购部张华出差回来，到财务部进行差旅费报销，张华带回来 8 张原始报销单据，其中往返机票共计 3 200 元，住宿费发票 1 张，金额为 980 元，餐费发票 5 张，共计金额为 870 元（见表 5－19、表 5－20）。

表 5－19

航空运输电子客票行程单
ITINERARY/RECEIPT OF E-TICKET FOR AIR TRANSPORT

印刷序号：SERIAL NUMER

旅客姓名NAME OF PASSENGER 张华			有效身份证件号码ID. NO. 530102198030261427				签注ENDORSEMENTS/RFSTRI(TIONSICARBON)		
	承运人 CARRIER	航班号 FLIGHT	座位等级 CLASS	日期 DATE	时间 TIME	客票级别/客票类别 FARE DASIS	客票生效日期 NOTVALID BEFORE	有效截止日期 MOT VALID AFIER	免费行李 ALLOW
自FROM 北京 至TO 深圳 至TO 至TO 至TO	张华	CA984	经济舱	2019-7-06	14:10		2019-7-06	2019-7-06	
	票价 FARE 1450		机场建设费 AIRPORI T[illegible] 100		燃油附加费 FUEL SLRCHARGE 50		其他税费 OTHER ATXES	合计 TOTAL 1600	
电子客票号码 E-TICKEINO	42839472930		验证码 CK. 32[illegible]54		提示信息 INFORMATION 3255253			保险费 INSURANCE	
销售单位代号 AGENT CODE	1431434		填开单位 ISSUED BY				填开日期 DATE OF ISSUE	2019-7-6	

表 5－20

航空运输电子客票行程单
ITINERARY/RECEIPT OF E-TICKET FOR AIR TRANSPORT

印刷序号：SERIAL NUMER

旅客姓名NAME OF PASSENGER 张华			有效身份证件号码ID. NO. 530102198030261427				签注ENDORSEMENTS/RFSTRI(TIONSICARBON)		
	承运人 CARRIER	航班号 FLIGHT	座位等级 CLASS	日期 DATE	时间 TIME	客票级别/客票类别 FARE DASIS	客票生效日期 NOTVALID BEFORE	有效截止日期 MOT VALID AFIER	免费行李 ALLOW
自FROM 深圳 至TO 北京 至TO 至TO 至TO	张华	CA986	经济舱	2019-7-08	17:10		2019-7-08	2019-7-08	
	票价 FARE 1450		机场建设费 AIRPORI T[illegible] 100		燃油附加费 FUEL SLRCHARGE 50		其他税费 OTHER ATXES	合计 TOTAL 1600	
电子客票号码 E-TICKEINO	42839472930		验证码 CK. 32[illegible]54		提示信息 INFORMATION 3255253			保险费 INSURANCE	
销售单位代号 AGENT CODE	1431434		填开单位 ISSUED BY				填开日期 DATE OF ISSUE	2019-7-6	

（1）以张华的身份填写一张差旅费报销单（见表 5－21）。

表 5－21

差旅费报销单

部门＿＿＿＿＿＿＿＿　　　　年　　月　　日

出差人											出差事由				
出发				到达				交通工具	交通费		出差补贴		其他费用		
月	日	时	地点	月	日	时	地点		单据张数	金额	天数	金额	项目	单据张数	金额
													住宿费		
													市内车费		
													餐费		
													邮电费		
													办公用品费		
													其他		
合计										0.00		0.00			0.00
报销总额	人民币（大写）									预借差旅	¥		补领金额	¥	
													退还金额	¥	

主管　　　　审核　　　　出纳　　　　领款人

（2）出纳收款，完成相关单据处理和签章（假设该借款单完全符合公司规定，并已经完成相关人员审批签字），并根据相应的单据及会计填制的记账凭证，填写现金日记账（见表 5－22、表 5－23）。

表 5－22

记　账　凭　证

年　　月　　日　　　　　　　　号

摘要	科目		√	借方余额									贷方余额								
	总账科目	明细科目		百	十	万	千	百	十	元	角	分	百	十	万	千	百	十	元	角	分
合计																					

（附件　　张）

会计主管　　记账　　出纳　　稽核　　填制

3. 2019 年 7 月 28 日，在财务部门会计主管李宏的参与下，由王丽监盘，出纳周云采用实地盘点法对库存现金进行盘点。盘点的结果为 100 张 25 元，50 元 10 张，10 元 7 张，5 元 6 张，1 元 15 张，共计金额 3 115 元。同时出纳周云手中还有 1 笔 240 元的收款业务和 1 笔 160 元的付款业务，这两笔业务均已进行现金结算，但是相关票据还未传递给总账会计孙娟，周云也没有登记现金日记账，截至 3 月 22 日现金日记账账面上的余额显示为 3 050 元，这项业务应该如何处理（见表 5－24）？

表 5－23

现 金 日 记 账　　1

年		凭证编号	摘　要	对应科目	借方	✓	贷方	✓	余额
月	日				百十万千百十元角分		百十万千百十元角分		百十万千百十元角分

表 5－24

库存现金盘点表

被审单位名称			索引号		
盘点日期			监盘人		
货币面值	张（枚）数	金 额	项　　目	行次	金 额
100 元			调整前现金账面余额	①	
50 元			加：已收入但未记账	②	
20 元			减：已付出但未记账	③	
10 元			调整后实际账面余额	④＝①＋②－③	
5 元			盘点日实有现金数额	⑤	
2 元			长款	⑥＝⑤－④	
1 元			短款	⑦＝⑤－④	
5 角					
2 角					
1 角					
5 分					
2 分			长款（短款）原因：		
1 分					
实点数					

会计主管：　　　　　　　　　　　　监盘人：　　　　　　　　　　　　出纳员：

现 金 日 记 账 1

年		凭证编号	摘 要	对应科目	借方	✓	贷方	✓	余额
月	日				百十万千百十元角分		百十万千百十元角分		百十万千百十元角分

现 金 日 记 账 2

年		凭证编号	摘 要	对应科目	借方	✓	贷方	✓	余额
月	日				百十万千百十元角分		百十万千百十元角分		百十万千百十元角分

现 金 日 记 账 3

年		凭证编号	摘 要	对应科目	借方	✓	贷方	✓	余额
月	日				百十万千百十元角分		百十万千百十元角分		百十万千百十元角分

银行存款日记账　1

年		凭证编号	摘要	对应科目	借方									✓	贷方									✓	余额								
月	日				百	十	万	千	百	十	元	角	分		百	十	万	千	百	十	元	角	分		百	十	万	千	百	十	元	角	分

银行存款日记账　2

年		凭证编号	摘要	对应科目	借方									✓	贷方									✓	余额								
月	日				百	十	万	千	百	十	元	角	分		百	十	万	千	百	十	元	角	分		百	十	万	千	百	十	元	角	分

银行存款日记账　3

年		凭证编号	摘要	对应科目	借方									✓	贷方									✓	余额								
月	日				百	十	万	千	百	十	元	角	分		百	十	万	千	百	十	元	角	分		百	十	万	千	百	十	元	角	分